CLICK

CLICK

Copyright ⓒ 2010 by Ori Brafman and Rom Brafman
All rights reserved.
Korean translation copyright ⓒ 2011 by Leader's Book Publisher,
an Imprint of Woongjin Think Big Co., Ltd.
Korean translation rights arranged with International Creative Management, Inc.,
New York, NY through EYA, Seoul.

이 책의 한국어판 저작권은 에릭양 에이전시를 통해 International Creative Management, Inc.와 맺은 독점계약으로 ㈜웅진씽크빅에 있습니다. 저작권법에 따라 국내에서 보호받는 저작물이므로 무단전재와 복제를 금지하며, 이 책 내용의 전부 또는 일부를 이용하려면 반드시 저작권자와 ㈜웅진씽크빅의 서면 동의를 받아야 합니다.

클릭

신속하게 끌리고 오래 지속되는 관계의 비밀

오리 브래프먼 · 롬 브래프먼 지음 | 박세연 옮김

옮긴이 박세연
고려대학교 철학과를 졸업하고 글로벌 IT 기업에서 10년 가까이 마케터와 브랜드 매니저로 일했다. 현재 번역가 모임인 바른번역의 회원으로 활동 중이다. 그동안 옮긴 책으로 〈모조〉, 〈디퍼런트〉, 〈스티브 잡스 무한혁신의 비밀〉, 〈우아한 아이디어가 세상을 지배한다〉, 〈메리, 열정으로 한 우물을 파라〉 등이 있다.
facebook.com/seion73

클릭: 신속하게 끌리고 오래 지속되는 관계의 비밀

초판 1쇄 발행 2011년 6월 30일
초판 2쇄 발행 2011년 7월 29일

지은이 오리 브래프먼·롬 브래프먼 **옮긴이** 박세연 **발행인** 최봉수 **총편집인** 이수미 **사업단장** 박성인
편집인 이홍 **편집주간** 이선화 **편집장** 최서윤·박희연
BIZ콘텐츠팀 팀장·책임편집 이혜원 **편집** 송현주 **일러스트** 원근
제작 한동수 **마케팅** 박창홍 이영인 김남연 이승헌

발행처 (주)웅진씽크빅 **출판신고** 1980년 3월 29일 제406-2007-00046호
임프린트 리더스북그룹 **주소** 서울시 종로구 동숭동 199-16 웅진빌딩
주문전화 02-3670-1570, 1571 **팩스** 02-747-1239
문의전화 02-3670-1046(편집) 02-3670-1502(영업)
홈페이지 http://www.wjbooks.co.kr

한국어판 출판권 ⓒ 웅진씽크빅 2011
ISBN 978-89-01-12492-6 (03320)

리더스북그룹은 리더스북과 웅진윙스 브랜드를 포함한
(주)웅진씽크빅 단행본개발본부의 임프린트입니다.
이 책은 저작권법에 따라 보호받는 저작물이므로 무단전재와 복제를 금지하며,
이 책 내용의 전부 또는 일부를 이용하려면 반드시 저작권자와 (주)웅진씽크빅의 서면동의를 받아야 합니다.
이 도서의 국립중앙도서관 출판시도서목록(CIP)은 e-CIP 홈페이지(http://www.nl.go.kr/ecip)에서
이용하실 수 있습니다. (CIP 제어번호 : CIP2011002273)

※책값은 표지에 있습니다.
※잘못된 책은 구입하신 곳에서 바꾸어 드립니다.

존 버클리 로버츠에게

한국의 독자들에게

칼샌드버그대학(Carl Sandburg College)의 질 존슨(Jill Johnson) 교수는 어느 날 출장을 가는 길에 일찌감치 공항에 도착했습니다. 그녀는 비행기를 타고 가는 동안 볼 재미난 읽을거리를 찾기 위해 서점에 들렀습니다. 그리고는 곧바로《클릭》을 발견했습니다.
"온라인 커뮤니케이션에 관한 컴퓨터 서적인 줄 알고 샀어요."
그런데 비행기 안에서 이 책을 펼쳐 본 그녀는 깜짝 놀랐습니다.
"아주 놀라운 이야기들로 가득하더군요. 그런데 컴퓨터 얘기는 한 마디도 없었어요."

'클릭'이라는 말을 들으면, 대부분 사람들이 컴퓨터의 마우스를 떠올립니다. 하지만 영어문화권에서는 click이라는 단어가 '두 사람 사이에 신속하고 강렬하게 일어나는 특별한 관계'를 의미하기도 하지요. 가령 "대화를 시작하자마자 우리는 클릭을 했다. 서로

CLICK

에게 푹 빠졌다.(We clicked as soon as we started talking.)"라고 할 때가 그런 뜻입니다.

이 책을 다 읽고 나서 존슨 교수는 사람들 사이에서 벌어지는 클릭이 컴퓨터 마우스의 클릭보다 더 매력적인 의미를 담고 있다는 사실을 깨달았다고 했습니다. 그녀는 동료 교수들에게도 우리 책을 권했고, 실제로 많은 교수들이 우리의 전작인 《스웨이》와 더불어 이 책을 강의 교재로 쓰기 시작했습니다. 존슨 교수는 이렇게 이야기했습니다.

"이야기를 풀어나가는 스타일이 참 매력적이더군요. 학생들도 꽤 좋아하던걸요?"

《클릭》이 처음 미국 시장에 출간되었을 때 다양한 채널로부터 주목을 받았습니다. 특히 내셔널퍼블릭라디오(NPR)에서는 이 책에 얽힌 이야기를 적극적으로 소개해주었습니다. 게다가 많은 마케팅

리더들이 이 책을 읽어 나가면서 보다 깊고 의미 있는 고객관계를 구축할 수 있었다고 우리에게 말해주었습니다.

이 책을 통해 우리가 하고 싶었던 말은, 친밀한 인간관계가 개인적 그리고 업무적 차원에서 우리의 삶에 지대한 영향을 미친다고 하는 것입니다. 직원들과 더욱 긴밀한 관계를 형성하고자 노력하는 기업의 관리자부터 더 많은 친구를 사귀고 싶어 하는 학생들에 이르기까지 여기서 말하는 '클릭'이란 끊임없이 갈고 닦아야 하는 하나의 소중한 재능입니다.

드디어 이 책이 한국 독자들에게 선을 보인다는 소식에 우리 형제는 대단히 설레어 있습니다. 캘리포니아에서 우리가 발견한 연구 성과와 다양한 이야기들을 지구 반대편에 살고 있는 독자들이 읽게 된다는 사실은 우리에게 너무나 기쁘고 흐뭇한 소식입니다. 부디 이 책을 즐겁게 읽고, 모든 인간관계가 한층 더 발전하는 기

CLICK

회를 맞이했으면 좋겠습니다.

  한국 독자 여러분, 아무쪼록 이 책에서 많은 즐거움을 느끼시길 바라며, 멀리서 보내주신 관심과 성원에 진심으로 감사를 드립니다.

2011년 6월

저자 브래프먼 형제

차 례

한국의 독자들에게 6

Part 1 클릭의 순간

1 마법처럼 강렬하고 신속하게 끌리는 찰나 17
핵무기 시설 청소 프로젝트에서 평생의 파트너를 만난 폴과 나디아

클릭의 순간 22 | 위대한 발명으로 이어진 클릭의 순간 24 | 신속하게 친밀해지다 26 | 심리학자들이 외면해온 긍정적인 감정 30 | 한 순간의 클릭이 평생을 결정한다 33 | '아직도 가슴 한 구석이 짜릿합니다' 36 | 클릭은 포기하지 않게 한다 42

2 조직의 최선을 이끌어내는 클릭의 힘 47
구성원의 실력이 비슷하더라도, 왜 어떤 조직은 성공하고 어떤 조직은 그러지 못할까?

클릭을 겪은 사람들은 무슨 일을 해내는가 53 | 클릭이 있고 없고에 따라 성과는 어떻게 나타날까 58 | 잘나가는 4중주단과 인기 없는 4중주단을 만드는 차이는? 62 | 동료와 클릭할 수 있다면 이는 큰 축복이다 66

Part 2   클릭촉진제

3 첫번째 클릭촉진제 – 취약성   73
자신의 약점을 드러내 인질범을 설득한 네고시에이터

감성적 도구상자 76 | 클릭의 순간을 창조하는 다섯 가지 요소 82 | 스탠포드 MBA의 터치필리 수업 86 | 일부러 속 깊은 이야기를 드러낼수록 친밀감은 높아진다 90 | 모르는 사람과 짝지어 대화하기 실험 94 | 취약성 노출과 친밀감에 대한 다양한 연구들 98 | 불우한 어린 시절을 공개하며 유권자들에게 다가간 클린턴 103

4 두번째 클릭촉진제 – 근접성   109
같은 방을 쓰고 함께 벤치를 지키고 우승도 함께 거머쥔 농구팀원들

'우린 오포스예요!' 113 | 톰슨은 테일러와 친하고 애덤스는 애론슨과 가깝게 지낸다 119 | 기숙사의 기하급수적 매력 증가 현상 121 | 업무 협력은 근처에 있는 사람과 한다 124 | 장기적 관계에 미치는 자연적 의사 소통의 힘 127 | 언어로 표현되지 않아도 의사소통이 이루어진다 132

5 세번째 클릭촉진제 – 공감대   139
무관심한 관객에게 몰입해서 자기소개를 시작한 코미디언

인더존(in the zone) 144 | 공감대를 구성하는 첫번째 요소, 몰입 145 | 공감대를 구성하는 두번째 요소, 존재감 150 | 바스티아니치 셰프의 존재감은 자폐아도 몰입시킨다 154 | 거울 뉴런 158 | 미드 프로듀서의 단역 오디션 159 | 공감대로 만들어진 클릭의 순간은 웰치의 마음속에 영원하다 165

6 네번째 클릭촉진제 – 유사성   169
'켈리 힐드브란트가 켈리 힐드브란트와 결혼하다'

'왜 어떤 애들하고는 금방 친해질까?' 173 | 하나가 같다는 이유만으로 생겨나는 인그룹 의식 179 | 인그룹 사람에게는 기꺼이 베푼다 181 | 거래처 사원과 친해지는 법 184 | 생일이 같다는 이유만으로 무리한 요구를 들어줄 수 있다 185 | 시간이 지나도 공통점은 변하지 않는다 187

7 다섯번째 클릭촉진제 – 소속감   193
인디언의 스웨트라지 의식, 참전군인의 연대감 그리고 LA키부츠

그동안 한국에서 무슨 일이 있었나? 198 | 산업화의 반대편 202 | 젊어서 고

생은 사서도 하라 **203** | 참전용사들간 우애의 유통기한 **206** | 텍사스의 비공식 이스라엘 대사관 **209** | LA키부츠 **211** | 실패 경험의 공유가 비즈니스 협력으로 이어지다 **215** | 직원에게 소속감을 느끼게 하라 **217**

8 클릭을 더 잘 일으키는 셀프모니터링 수준   221
스스로를 잘 아는 사람이 다른 사람들과도 잘 통한다

세계적인 모델의 조건 **225** | 성격은 타고 날까, 만들어질까? **228** | 성격을 좌우하는 진짜 요인은 따로 있다 **230** | 델타항공의 스튜어디스 안드라지 **235** | 셀프모니터링 점수가 높은 사람과 함께 일하고 싶다 **238** | 진짜 친절한 사람 혹은 위선자 **242**

맺음말 | 지금, 주변의 사람들과 클릭의 순간을 만들어라 **248**
감사의 말 | 우리와 클릭의 순간을 나눈 사람들 **254**
참고문헌 257

Part 1

CK

클릭의
순간

1
마법처럼 강렬하고 신속하게 끌리는 찰나

# 핵무기 시설 청소 프로젝트에서 평생의 반려자를 만난 폴과 나디아

패서디나 호텔 풀장 옆 한 테이블에 자리를 잡은 폴은 지금 뭔가 중대한 일을 벌일 참이다. 남캘리포니아 특유의 따스한 바람이 살랑인다. 테이블을 사이에 두고 폴의 건너편에는 한 여인이 앉아 있다. 한눈에도 두 사람은 대단히 친해 보인다. 하지만 그들은 이틀 전에 처음 만난 사이다. 그런데도 세계 여행이나 1970년대 반전시위, 그리고 소크라테스에 대해 열띤 이야기꽃을 피우고 있다. 두 사람의 대화는 자연스럽고 편안하게 흘러간다.

　나디아는 세련된 지중해 스타일에 까만 머리가 유난히 빛난다. 반대로 폴은 자유분방한 아메리칸 스타일을 하고 있다. 서로 다른 스타일을 가졌지만, 둘은 아주 잘 어울리는 커플 같아 보인다. 그리고 지금 폴과 나디아는 서로가 하는 이야기에 푹 빠져 있다. 어릴 적 이야기를 나누면서 배꼽을 잡고 웃기도 한다. 한 사람이 어떤 주제를 꺼내면, 다른 한 사람이 맞장구를 쳐준다. 대화에도 시너지 효과가 있다면, 바로 이런 걸 두고 하는 말일 것이다.

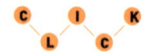

나디아를 처음 만났을 당시 폴은 콜로라도에 위치한 한 핵무기 시설로부터 150억 달러 규모의 청소 프로젝트를 의뢰받은 상황이었다. 그리고 이를 위해 세계적인 전문가들을 섭외하고 있었다. 사무실은 패서디나 지역에 잡았다. 이 프로젝트에서 폴의 역할은 전문가들을 모아서 팀을 꾸리고, 이들이 원활하게 협력할 수 있도록 업무 분담을 하는 것이다. 사실 이런 일에 있어 폴은 타고난 리더다. 원래부터 즉각적인 의사결정에 능한 편이기도 하지만 특수 부대에서 장교로 복무할 당시에도 신속한 판단을 내리기 위해 수준 높은 훈련을 받았었다.

매일 아침 정각 8시 15분에 폴은 항상 회의를 연다. 그리고 그날의 업무에 대해 간략하게 설명을 한다. 하지만 이틀 전 회의는 좀 달랐다. 시작할 때부터 폴은 그날 새로 들어온 멤버인 나디아가 신경이 쓰였다. 폴은 나디아를 보는 순간 호기심이 발동하는 걸 느꼈다. 그녀 속의 뭔가가 자신을 강하게 끌어당기고 있다는 느낌이 들었다. 이는 나디아 역시 마찬가지였다.

그날 나디아는 첫 출근을 했다. 선임관리자를 맡기로 되어 있었기 때문에 파리에서 휴가를 서둘러 마무리하고 패서디나로 돌아오는 바쁜 일정이었지만, 이는 나디아에게 큰 문제가 아니었다. 출근 첫 날의 회의에서부터 나디아 역시 회의를 진행하는 폴의 말이 신경 쓰였다.

폴은 그때를 떠올리며 이렇게 말한다.

"그날 회의 시간에 플라톤, 아리스토텔레스, 소크라테스 이후로 인간에 대한 새로운 발견은 하나도 나오지 않았다는 이야기를 했어요. 회의 자리에서 왜 그런 이야기를 꺼냈는지 기억나지는 않지만요."

그런데 쪽지 하나가 사람들의 손을 거쳐 폴에게 전달되었다. 종이를 펴 보니 손으로 갈겨 쓴 글씨가 눈에 들어왔다.

"당신의 말에 도무지 동의할 수가 없군요. 그리스 시대 이후로 주종 관계, 그리고 남녀 관계에는 엄청난 변화가 일어났습니다. 당신이 한 말이 무슨 의미인지 잘 모르겠어요. 나중에 따로 이야기를 나누어보고 싶네요.'"

회의가 끝나고 사람들이 모두 회의실을 빠져 나간 뒤, 나디아는 폴에게 다가왔다. 그리고 폴은 그녀에게 대답했다.

"좋아요. 저도 이야기를 좀 더 나누어보고 싶군요."

그로부터 12시간 후, 폴과 나디아는 호텔의 풀장 테이블에서 서로를 마주보며 이야기를 나누게 되었다. 하지만 대화가 단지 소크라테스와 아리스토텔레스 이야기로 끝나지는 않을 것임을 두 사람은 처음부터 직감하고 있었다. 해가 떨어질 무렵까지 그들의 대화는 멈출 기미가 보이지 않았다.

나디아는 폴에게서 특별한 느낌을 받았다. 그녀는 이렇게 그때를 떠올린다.

"폴이 플라톤과 아리스토텔레스에 대해 이야기를 꺼내는 순간 저

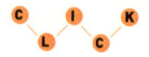

는 깨달았죠. 저 사람과는 뭔가 통하는 구석이 있을 거라는 사실을요. 철학적으로 깊이 있는 이야기까지는 아니었지만, 도대체 회의 시간에 누가 플라톤이나 아리스토텔레스 이야기를 꺼내겠어요? 누가 그런 말에 관심이나 갖겠어요? 그런데도 저는 폴이 남들과는 좀 다른 사람이라고 느껴지더라고요."

두 사람은 다음날 저녁 다시 그 자리에서 만나기로 하고 자리에서 일어났다. 하지만 바로 그 순간, 일이 벌어졌다. 폴은 나디아를 빤히 쳐다보면서 이렇게 물었다.

"만약 제가 당신과 결혼하고 싶다고 말한다면, 뭐라고 대답하시겠어요?"

"그 질문은 그냥 해보는 말씀이신가요, 아니면 진짜 프러포즈인가요?"

"글쎄요, 어떤 건지는 내일 확인해 보도록 하죠."

클릭의 순간

잠깐 생각해보자. 폴과 나디아는 십대 청소년이 아니다. 두 사람은 모두 노련한 비즈니스 전문가다. 누군가를 처음 만났을 때, 비즈니스맨들은 가벼운 질문들을 주고받는다. 가령, '고향이 어디시죠?', '어떤 일을 하고 계십니까?' 같은 말을 통해 서로에 대해 조금씩 알아 나간다.

하지만 어떤 만남은 이런 단계를 아예 생략하곤 한다. 그런 일은 대부분 상대방의 유머감각에 처음부터 푹 빠지거나, 그 사람의 뜨거운 열정이나 사고방식에 큰 감동을 받을 때 발생한다. 이런 경우 우리는 곧바로 마음을 열고, 상대방의 모든 것을 좋게 바라보게 된다. 강한 친밀감에 사로잡히는 것이다. 처음 만났는데도 느낌이 편안하고, 대화는 물 흐르듯 흘러간다. 어색한 침묵이나 자존심 싸움도 없다. 이러한 순간이 바로 우리가 앞으로 이야기 할 '클릭의 순간(moment of click)'이다.

간단히 말해서 클릭의 순간이란 어떤 사람, 혹은 우리를 둘러싸고 있는 어떤 분위기와 순식간에 연결되는 특별한 순간을 말한다. 일반적으로 새로운 사람을 만나 편안한 느낌이 들기까지는 며칠, 혹은 몇 개월이 걸린다. 우선 상대방에게 믿음을 주어야 하고, 마찬가지로 우리도 상대방에게 신뢰를 느낄 수 있어야 한다. 공통의 언어를 발견해야 하고, 서로의 습관과 개성도 이해해야 한다. 그 과정에서 감성의 끈이 서로 연결된다. 그러나 이처럼 기나긴 과정이 가끔은 번개처럼 순식간에 이루어지기도 한다. 마법 같은 순간이다.

대표적인 예로 남녀가 서로 한눈에 반하는 경우를 들 수 있다. 하지만 여기서 말하는 클릭의 순간은 로맨틱한 사랑에만 국한되지 않는다. 클릭의 순간은 동성 사이에서도, 그리고 전혀 가능할 것 같지 않은 사이에서도 얼마든지 일어난다.

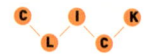

이 책에서 우리는 이처럼 어떤 사람이나 활동, 또는 주변의 환경과 갑자기 가까워지고, 열정이 자연스럽게 타오르는 신비의 순간들을 살펴 볼 것이다.

위대한 발명으로 이어진 클릭의 순간

짐 웨스트(Jim West)와 게하르트 제슬러(Gehard Sessler)는 미국의 벨연구소(Bell Laboratory)에서 1959년 처음 만났다. 이 두 물리학자 역시 만나자마자 가까워졌고, 그 관계는 두 사람의 인생을 바꿔 놓았다.

키가 크고 호리호리한 스타일의 짐은 아프리카계 미국인이다. 그는 대공황을 겪고 있던 버지니아에서 어린 시절을 보냈다. 어릴 적부터 짐은 생존력이 강했다.

"흑인이라는 이유로 학교에서 차별을 심하게 받았어요. 그래도 다행스러웠던 건 훌륭한 선생님들을 만날 수 있었다는 사실이었죠."

짐은 힘든 시절을 슬기롭게 견뎌 냈다. 그리고 마침내 벨연구소에 취직을 했다. 당시 벨연구소는 연구원들 사이에 디즈니랜드로 소문이 나 있었다.

"그때의 벨연구소는 세계 최고였어요. 전세계 모든 연구원들이 여기서 일을 하고 싶어 했으니까요."

벨연구소의 기숙사에서 짐의 옆 방에는 또 다른 신입 연구원인 게하르트가 있었다. 유난히 짧은 머리에 패션에 민감한 게하르트는 고상하면서도 따뜻한 사람이었다. 짐이 미국 남부에서 어린 시절을 보낸 반면, 게하르트는 제2차 세계대전이 발발하기 전까지 독일에서 자랐다. 게하르트는 어린 시절을 다음과 같이 회상한다.

"여덟 살 때 전쟁이 일어났죠. 총성과 포탄 소리들⋯ 정말로 끔찍한 어린 시절을 보내야만 했죠."

1959년만 해도 남부 출신의 흑인과 독일 이민자가 함께 일을 하는 모습은 대단히 드문 일이었다. 하지만 두 사람은 보자마자 서로에게 호감을 느꼈다. 게하르트의 억센 독일 억양 때문에 처음에는 대화가 좀 힘들었지만, 곧 물리학은 물론 인생에 관한 다양한 이야기를 나누었고 급속히 가까워지게 되었다. 게하르트는 회상한다.

"짐이 호기심 많고 똑똑한 사람이란 걸 전 곧바로 알아챌 수 있었죠. 그는 언제나 새로운 것을 찾아 돌아다녔습니다. 그런 모습이 무척 좋아 보였어요."

짐의 기억도 비슷하다.

"우리는 둘 다 신입 연구원이었죠. 그리고 둘 다 조직 내에서 크게 주목받는 존재는 아니었어요. 조직 생활이 힘들고 외로웠어요. 하지만 게하르트와 함께라면 얼마든지 이겨나갈 수 있겠다는 확신이 들었어요. 처음 본 순간 우리 두 사람은 클릭을 했던 거죠."

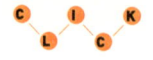

　두 사람은 과학과 사회를 주제로 깊은 대화를 나누곤 했다.[1] 이야기를 나누면 나눌수록 그들의 관계는 더 깊어졌고, 두 사람의 우정은 창조적인 아이디어를 생각해내는 토대가 되었다. 그리고 두 사람은 음향학 역사에 획을 그을만한 현대적인 방식의 마이크를 발명했다.

신속하게 친밀해지다

폴과 나디아, 그리고 짐과 게하르트의 관계에는 별로 공통점이 없어 보인다. 하지만 자세히 들여다보면, 모두 비슷한 궤도를 따르고 있다. 결론적으로 말해 두 관계는 모두 '신속한 친밀감(quick-set intimacy)'을 통해 발전을 했다. 요즘에는 '신속한(quick)'이나 '즉석(instant)'이라는 표현이 종종 부정적인 의미로 쓰인다. 하지만 인간관계에서만큼은 긍정적인 의미로 사용할 수 있다. 신속한 친밀감은 인간관계 전반에서 놀라운 힘을 발휘하기 때문이다. 앞으로 클릭의 다양한 순간들을 살펴보면서, 신속한 친밀감을 만들어낼 수 있는 여러 가지 요인들을 확인해볼 수 있다.

　처음 본 사람에게 강한 호감을 느낄 때, 무슨 일이 일어날까? 왜 어떤 사람과는 클릭을 쉽게 경험하면서, 다른 사람과는 그렇지 않은가? 왜 어떤 사람과는 금방 친해지면서, 다른 사람과는 오랫동안 서먹한 사이로 지내는가? 신속한 친밀감 속에 어떤 비밀이 숨어있는 것일까?

로맨틱한 사랑을 나누든, 파티에서 새로운 사람을 만나든, 아니면 직장동료와 업무적인 관계를 맺든 클릭의 경험은 세 가지 차원에서 인간관계에 큰 영향을 미친다. 첫째, 클릭의 순간은 '마술과 같은' 분위기를 만들어 낸다. 둘째, 관계 발전에 장기적으로 영향을 미친다. 셋째, 서로에게서 최고의 능력을 이끌어낸다.

클릭의 순간이 나타날 때, 두 사람 사이에서는 어떤 일이 일어나는 것일까? 폴은 나디아를 처음 본 순간 그녀의 매력에 압도당했다고 말했다. 나디아 역시 폴과 이야기를 나누는 동안 편안함을 느꼈다고 말했다.

"마법처럼 저는 폴의 매력에 빠졌죠."

이 '마법처럼'이라는 표현에 두 사람은 모두 공감한다. 며칠 전만 해도 그들은 완전히 다른 세상에서 살고 있었기 때문이다. 폴은 군인이었고, 나디아는 원자력 연구원이었다.

벨연구소의 두 신입 연구원들 역시 처음부터 서로에게 강한 열정을 느꼈다.

"짐을 처음 본 순간부터 우리에겐 공통점이 있다는 걸 느꼈어요. 우리는 서로를 이해하고 있고, 언제나 잘 통하죠."

인생을 살아가는 동안 우리들은 적어도 한두 번쯤은 이처럼 마법과 같은 느낌을 받는다. 그러나 그 느낌이 정확하게 어떠한 것인지

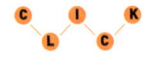

구체적으로 설명하기는 힘들다. 만약 앞으로 이와 같은 경험을 하게 된다면, 그 느낌에 최대한 집중을 해보자. 자신을 흥분시키고 전율하게 만드는 소중한 것을 발견할 수 있다.

우리는 어떤 사람에게 더 많은 에너지와 친밀감을 느낀다. 그때 상대방에게서, 그리고 주위를 둘러싼 특별한 분위기로부터 강렬한 느낌을 받을 수 있다.

클릭의 순간에 나타나는 생물학적 메커니즘에 대해 연구한 신경학자들이 있다.[2] 사랑에 빠져 있다고 생각하고 있는 다양한 커플들을 모은 뒤, 그들의 뇌를 fMRI(기능성 자기공명영상)로 촬영했다. 여기서 신경학자들은 대부분 참여자들의 두뇌에서 도파민 흡수를 관장하는 특정 부위가 지나치게 활성화되어 있다는 사실을 발견했다. 이는 흡사 마취상태와 같았다. 도파민이란 뇌의 쾌감 중추를 자극하는 신경전달물질로서 흥분과 행복감을 느끼게 한다. 생물학적 관점에서 도파민은 코카인이나 니코틴, 그리고 암페타민과 같은 약물과는 차원이 다른 쾌감을 준다.

도파민 분비는 좋아하는 사람을 만나거나, 스포츠를 즐길 때, 또는 주변 환경으로부터 강한 친밀감을 느낄 때 활성화된다. 반면 사회적 단절감을 겪어 외로움을 느낄 때 도파민 분비량이 크게 떨어진다.

UCLA와 호주의 신경학자들은 도파민의 수치 변화를 관찰하기 위해 컴퓨터상으로 공을 주고받는 게임을 개발했다.[3] 그들은 피실험자들을 각기 다른 방에 넣어 놓고, 컴퓨터로 게임을 하도록 했다. 실제로는 컴퓨터와 게임을 하는 것이었지만, 참여자들에게는 다른 방에 있는 피실험자와 공을 주고받는 것이라고 설명했다.

게임이 얼마간 진행되면, 신경학자들은 컴퓨터를 조작하여 피실험자들이 보낸 공을 되돌려 보내지 않도록 했다. 그러고 나서 그들은 피실험자들의 두뇌를 fMRI로 촬영했다. 그 결과 전두대뇌피질(Anterior cingulate cortex) 부위가 갑자기 밝아진 것을 관찰할 수 있었다. 이 부분은 신체적인 고통을 관장하는 부분이다. 사람들은 게임을 하다가 갑자기 상대방이 반응을 보이지 않은 것만으로도 신체적인 고통과 똑같은 아픔을 느꼈다.

왜 우리의 두뇌는 지극히 사소한 고립감에도 육체적인 고통을 느끼게 하는가? 주변 사람들과 친밀감을 느낄 때에는 행복감을 선물하다가, 혼자 떨어져 있다는 느낌을 받을 때에는 신체적인 처벌을 내리는 이유는 무엇인가? 이 비밀을 알기 위해서는 행동심리학으로 시선을 돌려보는 것이 필요하다.

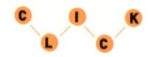

심리학자들이 외면해온 긍정적인 감정

하지만 행동심리학의 문을 두드리는 순간 예기치 못한 문제가 등장한다. 그것은 지금까지 심리학자들은 긍정적인 감정에 대해서는 거의 연구를 하지 않았다는 사실이다. 그동안 심리학자들은 고통스럽고 우울한 부정적인 감정에만 집중해왔다. 반면, 클릭의 순간과 같이 긍정적인 느낌에 대해 연구한 사람은 거의 없었다. 힘겨운 느낌에 대한 연구 자료들은 상당히 많지만, 행복하고 기쁜 감정을 다룬 연구는 전무하다시피 하다. 역사적으로 심리학은 행복과 기쁨의 순간들을 외면한 채 고통과 우울함, 심리적인 충격, 그리고 여기서 벗어나는 방법에 대해서만 집중했다.

하지만 긍정적인 측면은 부정적인 측면만큼이나 인간의 존재에 대해 많은 것을 알려줄 수 있다. 어떤 사람들에게 강한 호감을 느끼고 쉽게 친해질 수 있는 이유는 무엇일까? 클릭의 순간을 경험할 때, 우리 마음속에는 어떤 일이 벌어지는가? 그리고 이런 순간들을 통해 행복과 기쁨을 느낄 수 있는 이유는 무엇일까?

이런 질문들에 대답하기 위해, 우리는 마법과 같은 순간들이 어떻게 발생하는지에 대해 관찰을 시작했다.[4] 물론 이러한 접근방식이 전통적인 학문의 영역에서 다소 벗어날 수는 있으나, 아직까지 불모지로 남아있는 인간 심리의 새로운 측면에 대한 흥미로운 탐험이 될 것이다.

가장 먼저 우리는 심리학과 학생들, 미식축구 선수들, 동문회 등 다양한 그룹의 사람들을 대상으로 앞에서 언급한 '마법과 같은 특별한 순간'을 경험했던 적이 있는지 물어보았다. 놀랍게도 대부분 그러한 경험을 한 적이 있었다고 대답했다. 클릭의 양상은 사람들마다 다양했지만, 각양각색의 경험들 속에서 우리는 '신속한 친밀감'이라고 하는 공통 요소를 발견할 수 있었다.

실험에 참여했던 한 여성은 남자친구를 처음으로 만났을 때 느꼈던 짜릿한 감정에 대해 이야기를 했다.

"처음 보는 순간 우린 서로 뭔가를 느꼈어요."

다른 한 젊은이는 어머니와의 관계에 대해 이야기했다.

"어머니에게 사랑한다고 말한 것은, 성인이 되고 나서 그때가 처음이었어요. 어머니는 제게 여러 가지 인생 경험을 들려주셨고, 저는 제 이야기를 들려드렸죠. 어머니와 처음으로 그런 아름다운 순간을 나눴어요."

또 다른 한 여인은 십대 시절에 겪었던 잊을 수 없는 경험에 대해 이야기를 했다.

"첫 키스의 순간이었죠. 달콤하고 황홀한 키스를 나누던 순간, 귀에 정말로 종소리가 들렸어요. 제 생애 최고의 생일선물이었죠. 그 남자친구와는 오랜 시간을 사귀었어요."

사람들의 다양한 이야기를 듣는 동안 우리는 두 가지 사실을 발견할 수 있었다. 첫째, 참여자들 모두 서로 다른 경험에 대해 이야

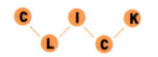

기를 하면서도, 표현은 비슷비슷했다. 주로 '행복한(euphoric)', '힘이 나는(energizing)', '짜릿한(thrilling)', '특별한(special)'이라는 표현들을 많이 사용했다. 프러포즈와 등산처럼 서로 아주 다른 상황에서 일어난 일이었지만, 사람들은 대부분 비슷한 형용사를 사용해 느낌을 표현했다. 여기에는 아주 중요한 의미가 담겨있다. 다른 시간과 다른 공간, 그리고 전혀 다른 상황에서 사람들이 비슷한 감정을 느낀다는 사실이다.

둘째, 남녀 간의 사랑뿐만 아니라 일반적인 경우에 해당하는 사람들 역시 비슷한 단어로 느낌을 표현했다. 다시 말해 로맨틱한 관계나 그렇지 않은 관계에서도 사람들은 비슷한 느낌을 받았다.

친밀감이라고 하는 느낌과 신체적 보상의 관계는 fMRI를 통해서도 확인이 가능하다. 클릭의 순간을 경험할 때 우리 두뇌에서는 사랑에 빠질 때와 똑같이 도파민 분비가 활발해진다. 즉 클릭의 순간은 우리에게 사랑의 순간과도 같은 강렬한 행복감을 선사한다.

클릭의 순간 우리는 마음의 문을 활짝 열고 새로운 느낌을 받아들일 만반의 준비를 한다. 그리고 관계 속에서 지금까지와는 다른 특별한 가치를 발견한다. 이에 관해서는 앞으로 자세히 설명하도록 하고, 여기서는 다만 신속한 친밀감의 느낌이 두뇌를 자극함으로써 다른 사람이나 활동 또는 주변 환경과의 관계적 속성을 근본적으로 바꾸어 놓을 수 있다고만 언급하고 넘어가기로 하자.

한 순간의 클릭이
평생을 결정한다

이야기를 다시 패서디나의 호텔 풀장 테이블에 앉아 있는 폴과 나디아에게 돌려보자. 폴은 나디아와 처음 이야기를 나누는 자리에서 어쩌면 그녀를 사랑하게 될 지도 모르겠다는 암시를 주었다. 그 다음날 저녁 폴은 나디아에게 청혼을 했다. 그리고 나디아는 그 프러포즈를 받아들였다. 두 사람은 마치 거대한 파도 속으로 빨려 들어가는 느낌이 들었다고 했다. 둘은 그로부터 한 달 뒤 결혼식을 올렸다.

폴과 나디아는 순식간에 가까워졌고, 결혼까지 했다. 이후에 두 사람의 결혼생활은 어땠을까.

"패서디나에서 느꼈던 특별한 감정이 아직까지도 우리 관계에 중요한 부분으로 남아 있습니다."

두 사람은 오래 전에 경험했던 클릭의 순간이 아직까지 그들 관계에서 중요한 역할을 차지하고 있다고 말한다.

짐과 게하르트는 어땠을까? 그들의 우정 속에서도 클릭의 순간은 여전히 큰 비중을 차지하고 있다. 두 사람은 지금도 그들만의 특별한 세계에서 함께 살아가고 있다고 말한다. 게하르트는 이렇게 이야기했다.

"함께 일할 때, 우리는 더 큰 능력을 발휘할 수 있습니다. 우리는 언제나 또 다른 시선으로 세상을 함께 바라보면서, 계속해서 새로

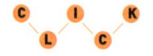

운 이론을 만들어가고 있습니다."

서로에 대한 두 사람의 뜨거운 관심과 호기심은 그 시절 그대로다. 게하르트는 이렇게 회상한다.

"한번은 뉴욕 링컨센터의 필하모닉 홀에서 짐과 함께 일을 한 적이 있었죠. 최근에 지어졌음에도 불구하고 필하모닉 홀의 음향 시설은 완전히 엉망이었어요. 많은 음악평론가들이 필하모닉 홀에 대해 혹평을 퍼부었죠. 이 때문에 링컨센터는 골머리를 앓고 있었습니다. 그리고 이를 해결하기 위해 저와 짐이 나서게 된 것이었죠."

하지만 문제의 원인은 쉽게 드러나지 않았다. 짐은 이렇게 설명했다.

"문제를 확인하기 위해 엄청나게 큰 소리로 홀 전체를 가득 메워야만 했습니다. 예전에 비슷한 실험을 한 적이 있기는 했지만, 필하모닉 홀처럼 거대한 공간은 그때가 처음이었죠. 총을 발사해 볼까 하는 생각도 했었죠."

짐의 말을 게하르트가 이어 받았다.

"확성기로 시도해 보았지만 어림도 없었죠. 더욱 거대한 '빅뱅'을 만들어내야만 했어요. 고민이 시작된 거죠. 그러던 어느 날, 짐이 갑자기 이렇게 외쳤어요. '바로 이거야!'"

짐은 이렇게 설명했다.

"예전에 러트거스 대학 팀의 미식축구 경기를 본 적이 있었어요.

그런데 경기장에 작은 대포 하나가 등장하더군요. 그 대포는 러트거스 팀이 터치다운에 성공할 때, 축포를 날리기 위한 것이었죠. 하지만 그날따라 러트거스 선수들의 움직임이 별로라 대포 소리는 몇 번밖에 듣질 못했죠."

그런데 필하모닉 홀의 빅뱅을 놓고 고심을 하던 동안, 짐의 머리에 바로 그 대포가 떠올랐던 것이다. 그 정도 소리라면 그들이 원하는 충분한 음량을 확보할 수 있을 것 같았다. 그 길로 짐은 곧장 러트거스 팀을 찾아갔다. 그리고 간절한 애원 끝에 결국 대포를 빌릴 수 있었다.

게하르트는 이렇게 말했다.

"짐이 모든 준비를 끝내고, 마침내 우리는 불을 붙였죠."

실험은 성공적이었다. 바로 그들이 원했던 빅뱅이 터졌다. 그야말로 엄청난 폭발이었다.

"그런데 그 소리를 들은 공연 관리자가 깜짝 놀란 표정으로 뛰어들어오더군요. '맙소사! 무슨 일이죠?' 폭발로 공연장은 연기가 자욱했어요. 관리인은 한숨을 쉬더니 이렇게 말했어요. '이런! 오늘 밤에 공연이 있다고요. 연기를 대체 어찌할 작정이에요?'"

짐과 게하르트는 세 시간이 넘도록 환기를 시켜야 했다. 어찌 보면 무모하기까지 한 이런 실험을 위해서는, 창조적인 아이디어와 동시에 과감하게 밀어붙이는 결단력이 필요하다. 짐과 게하르트 두 친구에게는 아이디어와 결단력 모두가 있었다.

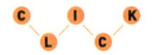

여기서 잠깐 생각해보자. 왜 짐과 게하르트의 우정이 오랫동안 변치 않았을까? 처음부터 신속한 친밀감을 경험했기 때문일까? 만약 클릭의 순간이 없었더라면, 두 사람의 관계는 지금 어떻게 되었을까?

'아직도 가슴 한구석이 짜릿합니다'

네덜란드의 부부 심리학자인 딕과 피터넬 바렐츠(Dick Barelds, Pieternel Barelds-Dijkstra)는 클릭의 순간이 인간관계에 어떠한 영향을 미치는지에 대해 연구를 했다.[5] 그들은 도파민 수치를 분석하는 의학적 접근 방식이 아니라, 관계에 미치는 실질적인 작용을 살펴보았다.

가장 먼저 바렐츠 부부는 네덜란드 전화번호부 속에서 무작위로 부부 1,000 커플을 선택했다. 그리고 그들에게 전화를 걸어 설문조사 참여를 의뢰했다. 설문은 부부관계 친밀도에 관한 기본적인 내용이었다. 다소 개인적이고 민감했기 때문에, 참여한 부부들 모두 서로 다른 방에서 각자 설문지를 작성하도록 했다. 솔직한 답변을 위해, 설문의 내용이 철저하게 비밀로 유지될 것이라는 점을 강조했다. 그리고 그 결과, 부부관계를 새롭게 바라볼 수 있는 소중한 실마리를 얻을 수 있었다.

바렐츠 부부는 설문에 참여한 커플들을 세 부류로 나누었다. 첫 번째, 오랫동안 친구로 알고 지내다가 연인으로 발전한 경우다. 이들은 결혼을 하기 전에 서로에 대해 잘 알고 있는 상태였다. 이들의 사랑은 플라토닉에서 로맨틱으로 발전한 경우다.

두번째, 제일 일반적인, 데이트를 하면서 서로를 알아나가다가 진지한 관계로 발전하고 결국 결혼에 이른 경우다.

마지막 세번째, 클릭의 순간을 통해 급속하게 사랑에 빠지고 결혼으로까지 이어진 경우다. 폴과 나디아 커플이 여기에 해당한다.

설문에 참여한 부부들의 결혼 기간은 평균 25년 정도였다. 세 그룹 모두 일반적인 정보에서는 유효한 차이가 없었다. 교육이나 수입의 평균 수준이 비슷했고, 자녀들의 수도 평균 2.1명 정도였다. 그밖에 차이를 나타내는 특별한 요소는 발견되지 않았다.

바렐츠 부부는 부부관계 속에서 차이점을 발견할 수 있지 않을까 의문을 품었다. 그들은 우선 첫번째와 두번째 커플들, 즉 결혼을 하기 전에 서로에 대해 알 수 있는 충분한 시간을 가진 커플들이 세번째 커플에 비해 더 안정적인 관계를 유지하고 있을 것이라고 가정했다. 오랫동안 신중하게 배우자를 선택했기 때문에 자신에게 더욱 잘 어울리는 상대를 골랐을 것이라는 생각에서였다. 하지만 설문조사를 분석한 결과, 유효한 차이는 드러나지 않았다.

다음으로 바렐츠 부부는 커플들에게 헌신과 친밀에 관한 문항들을 제시했다. 가령 '나는 배우자에게 헌신적이다.', '배우자에 대

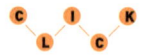

한 나의 사랑은 앞으로 영원할 것이다.', '배우자는 내 인생에서 가장 소중한 존재다.', '배우자는 나를 진정으로 이해해준다.' 등에 대한 점수를 매기게 하고, 그룹 별로 점수를 비교해 보았다. 하지만 이번에도 별다른 차이를 볼 수 없었다.

  어떤 과정을 거쳐 결혼을 했느냐에 상관없이, 세 그룹 모두 헌신과 친밀감에 관한 설문조사에서 비슷한 점수를 나타내고 있었다. 즉 오랜 관계를 통해 배우자를 선택한 커플들이 첫눈에 반한 그룹에 비해 더 높은 친밀감을 유지하고 있을 것이라는 애초의 가정은 틀렸다.

  그 다음으로 그들은 질문의 수위를 더욱 개인적이고 민감한 수준으로 높여보았다. 이번에는 결국 그들이 원하던 차이를 발견할 수 있었다. 이런 질문들이었다. '우리 관계 속에는 마법과 같은 것이 있다.', '로맨틱한 영화를 보거나 소설을 읽으면서 배우자를 떠올린다.', '하루 동안에도 자주 배우자의 얼굴을 떠올린다.', '배우자가 아닌 다른 사람과 함께라면, 지금만큼 행복할 것 같지는 않다.', '배우자의 눈을 들여다보면 빠져든다.' 얼핏 보기에 이 질문들은 결혼한 지 수십 년 된 커플들에게는 별로 해당사항이 없어 보인다. 과연 그들은 어떻게 대답을 했을까?

  놀랍게도 이 설문조사에서는 세번째 그룹의 점수가 매우 높게 나타났다. 이 말은 클릭을 경험한 부부들은 다른 그룹에 비해 배우자에 대해 더 많이 생각을 하고, 운명적으로 맺어졌음을 더욱 강하게 믿고, 두 사람 사이에 마술과 같은 것이 존재한다고 생각을 한다는 의미다. 다시 말해, 클릭을 경험한 부부는 오랜 결혼생활 후에도 그들의 관계에 대해 더 많은 열정을 느끼고 있었다.

처음 설문조사에서는 세 그룹 사이에서 표면적으로는 유효한 차이가 나타나지 않았다는 사실을 다시 한 번 떠올려보자. 그렇다면 개인적이고 민감한 질문 조사에서 차이를 나타낸 것은 일반적인 요인이 아니라, 클릭의 경험이라고 생각해볼 수 있다. 비록 이 실험이 오랜 관찰로 결과를 낸 것은 아니지만, 클릭을 경험한 커플들은 다른 그룹들보다 훨씬 오래 뜨거운 열정을 간직하고 있었다고 말할 수 있는 충분한 증거가 되었다.

우리는 연구를 진행하면서 아무리 오랜 세월이 흐른 뒤라도 클릭의 순간을 회상하는 것만으로도 그때와 비슷한 느낌을 떠올릴 수 있다는 사실을 발견했다. 상식적으로 강렬한 느낌은 시간이 흐르면서 그 강도가 점차 낮아지는 것이 일반적이다. 하지만 위 실험에 참여한 커플들에 따르면, 클릭의 순간을 떠올릴 때마다 그때의 느낌을 거의 그대로 재현할 수 있다고 한다. 실제로 피실험자들 중 90퍼센트가 거의 비슷한 수준으로 기쁨과 흥분을 느낄 수 있다고 답변을 했다.

그 중 한 사람은 이렇게 이야기했다.

"생각만 해도 저절로 웃음이 납니다. 꿈만 같았던 그날의 일을 생각하면, 아직도 가슴 한 구석이 짜릿합니다."

그리고 이렇게 이야기하는 사람도 있었다.

"마치 그때로 돌아간 것 같다는 생각이 들죠. 정말로 그 시절이 그리워요."

또 다른 이는 이렇게 말한다.

"그날을 떠올리면 그때의 느낌이 그대로 살아나는 것을 느낄 수 있어요. 제 마음은 편안하고 행복해집니다."

"사랑에 빠졌을 때와 똑같은 느낌이 듭니다. 아직까지도 마술 같다는 생각이 들어요."

그들의 증언들은 클릭의 순간이 평생의 부부관계에서 매우 중요한 역할을 하고 있다는 사실을 말해주고 있다. 그리고 장기적인 차원에서 부부관계의 전반적인 특성에 지대한 영향을 미친다는 것을 알려준다.

벨연구소 물리학자인 게하르트와 짐은 50년이 지난 지금도 그들 관계 속에서 뜨거운 열정을 느낄 수 있다고 말한다. 게하르트는 이렇게 말했다.

"짐을 처음 본 순간부터 뭔가 특별한 것이 있다는 확신이 들었어요. 이러한 믿음은 은퇴를 한 지금에도 그대로입니다. 오랫동안 저는 수많은 사람들과 함께 일을 했습니다. 하지만 짐을 따라올 만한 사람은 하나도 없었어요."

처음 만났을 때 느꼈던 마법 같은 순간이 아직까지도 두 연구원의 우정을 튼튼히 지탱해주고 있다. 또한 두 사람의 가까운 관계는

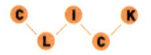

업무적인 성과에도 큰 도움을 주었다. 그동안 음향기술자들을 괴롭혔던 수많은 문제들을 이 두 사람은 끈끈한 우정을 바탕으로 창조적으로 해결할 수 있었기 때문이다.

클릭은 포기하지 않게 한다

짐과 게하르트의 대표적인 성과로는 마이크 발명을 들 수 있다. 당시 흔히 사용되는 마이크는 엄청나게 부피가 컸다. 커다란 금속 그릴판에다 대고 크게 소리를 외치던 50년대 아나운서의 모습을 떠올려보자. 당시 마이크 시스템에는 모두 거대한 외부 장치가 달려 있었다. 그러다 보니 사용에 많은 제약이 따랐다. 특히 들고 이동하기는 거의 불가능한 상황이었다.

게하르트의 설명을 들어보자.

"당시 마이크들은 모두 공기를 흐르게 해 탄소 입자에 압력을 가하는, 아주 오래 된 방식이었죠. 하지만 저와 짐은 이와는 다른 혁신적인 기술이 얼마든지 가능하다고 믿고 있었습니다. 물론 벨연구소의 다른 연구원들은 불가능하다고 했었고요."

새로운 방식의 마이크 기술을 개발하기 위해 짐과 게하르트는 몇 달에 걸쳐 서로의 생각을 주고받았다. 그리고 마침내 획기적인 아이디어가 떠올랐다. '얇은 대전판으로 일렉트릿(electrets, 반영구적인 전하를 지닌 재료)을 만들어서 이를 마이크 내부에 집어넣으면 되지 않을까?' 그렇게 할 수만 있다면, 커다란 외부 장치도 필요 없었다. 다시 말해, 마이크의 부피와 무게를 획기적으로 줄일 수 있다.

하지만 짐과 게하르트의 발명은 시작부터 여의치 않았다. 벨연구소 사람들은 두 젊은 연구원이 별로 가능성이 없어 보이는 프로젝트에 들러붙어 있다고 불만이 많았다. 두 사람은 계속해서 프로젝트를 중단하라는 압력에 시달렸지만, 그럴수록 더욱 똘똘 뭉쳤다. 두 사람의 강한 우정은 주위의 비판을 이겨나가는 원동력이었다. 클릭의 순간은 이처럼 힘든 시기에 그 진가를 발휘한다.

"모두가 포기하라고 할 때, 뜨거운 우정과 열정이 우리를 지켜주었습니다."

당시 짐과 게하르트가 개발했던 마이크 기술은 오늘날까지도 널리 활용되고 있다. 휴대전화, 캠코더, 노트북을 쓸 때마다 우리는 짐과 게하르트의 덕을 보고 있는 셈이다. 그 기술은 아주 오래 전 두 사람 사이에서 일어난 클릭의 순간부터 이미 시작되었다.

우리는 폴과 나디아의 이야기 속에서도 클릭의 힘을 확인할 수 있다. 처음 만난 날로부터 15년이라는 세월이 흐른 지금, 그때 두 사람 사이에 일어났던 특별한 순간이 아직까지 마법의 위력을 발휘하고 있다. 현재 두 사람은 'ESi'라고 하는 재난관리 업체를 공동으로 운영하고 있다. 나디아는 말한다.

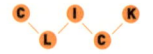

"첫해는 아주 힘들었어요. 하나도 제대로 되는 게 없었죠."

사업을 시작하면서 두 사람 사이에도 의견충돌이 일어나기 시작했다. 하지만 그들은 결코 충돌을 피하지 않았다.

"우리는 의견충돌을 두려워하지 않았어요. 한 사람이 모든 것을 결정했더라면, 아마도 좋은 성과를 거두지 못했을 겁니다. 우리는 다양한 관점에서 문제를 바라보려고 노력했습니다. 이러한 태도야말로 우리 부부의 가장 큰 무기라고 생각해요."

나디아는 웃음을 지으면서 이렇게 덧붙였다.

"우리 두 사람은 서로가 각자의 인생에서 얼마나 중요한 자리를 차지하고 있는지 잘 알고 있습니다."

두 사람 사이에 처음으로 타올랐던 불꽃이 지금도 그들의 관계를 지탱하고 있다. 바로 그 순간이 있었기 때문에, 그들은 사업을 시작하면서 겪었던 수많은 고난들을 슬기롭게 극복할 수 있었다.

어떤 사람을 처음 보자마자 특별한 느낌을 갖게 되는 이유는 무엇일까? 클릭의 순간은 도대체 어떻게 해서 나타나는 것일까? 클릭의 순간을 만들어내는 요인들, 즉 '클릭촉진제(click accelerator)'에는 어떤 것들이 있을까?

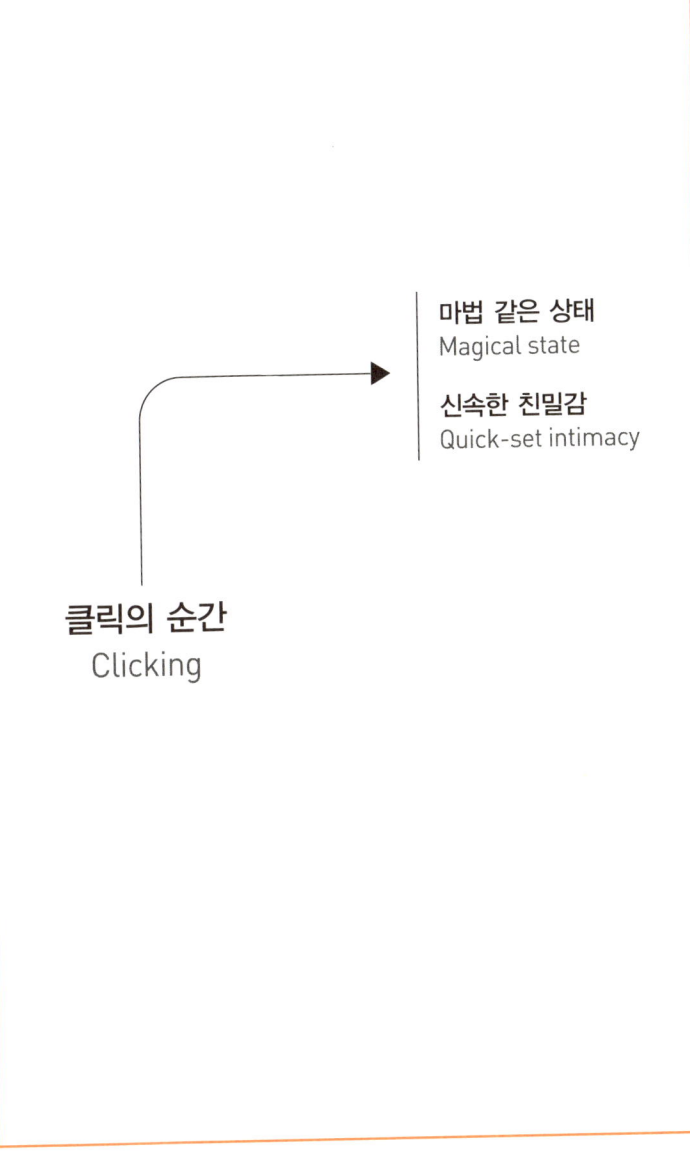

2

조직의 최선을
이끌어내는
클릭의 힘

구성원의 실력이 비슷하더라도, 왜 어떤 조직은 성공하고 어떤 조직은 그러지 못할까?

　　　　　　　　　호리호리한 체격에 긴 머리를 한 스물 한 살의 호주 청년 피터 매튜스(Peter Mathews)는 한 손에는 커다란 여행 가방을, 그리고 다른 한 손에는 두꺼운 공책을 들고 멕시코 치아파스 지역의 정글을 헤매고 있다. 얼핏 보기에 록 페스티벌에 참여하기 위해 히치하이킹이라도 하는 것 같다. 하지만 그렇지 않다. 피터는 인류학도로서 고대의 미스터리를 파헤치기 위한 모험 길에 나섰다.

　한 달 전만해도 피터는 캐나다 캘거리에 있는 한 대학 도서관에서 지금 들고 있는 공책을 펴 놓고 공부를 하던 학생이었다. 그의 공책은 수많은 세 자리 숫자와 펜으로 그린 상징들로 빼곡하게 채워져 있다. 그것들은 모두 지금 그가 찾아가고 있는 지역의 문명을 해석해줄 소중한 자료들이다.

　정글 숲 속을 얼마나 걸었을까. 피터의 눈앞에 기원 후 600년 경 고대 마야인들이 건설했던 석재 사원이 모습을 드러냈다. 석회석으로 지은 벽면에는 마야의 상형문자로 가득하다. 하지만 한때 그

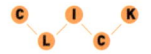

위용을 떨쳤을 이 사원은 이제 구석구석이 허물어지고 떨어져 나간 초라한 모습이었다. 안타깝게도 마야의 후손들은 오래 전에 그 문자를 읽는 법을 잊어버리고 말았다. 오랫동안 전세계 수많은 암호 해독가들이 마야의 상형문자를 해독하려고 했지만, 많은 부분이 아직 밝혀지지 않았다.

지금까지 알아낸 것은 수많은 숫자가 특정한 날짜를 가리키고 있으며, 다양한 상징이 태양이나 달, 강 등을 의미하고, 곳곳에 왕들의 이름이 나와 있다는 것뿐이었다. 대부분의 학자들이 마야의 상형문자는 원시적인 그림들의 집합에 불과하다고 생각하며 그 이상의 것들을 밝혀내지 못하고 있었다.

인류학자들은 마야인들이 그림을 기반으로 한 상징 체계를 사용했으리라 추측하고 있었다. 대부분의 의사소통은 음성언어를 통해 이루어지지만, 숫자 계산을 하거나 추상적인 개념을 전달할 때에만 상형문자가 사용되었으리라는 가정이었다.

그럼에도 불구하고 피터는 마야 문명을 직접 확인하기 위해 먼 길을 떠났다. 출발 전 몇 달 동안 피터는 대학 내 특별 연구팀의 일원으로 팔렝케(Palenque) 지역의 유적지에 관한 다양한 자료를 보며 마야의 상형문자를 공부했다. 팔렝케는 가장 큰 마야 유적지는 아니었지만, 해독하기에 충분한 양의 문자와 그림이 비교적 잘 보존되어 있는 곳이었다.

팔렝케를 향해 떠나기 전, 피터는 밤을 새워가며 마야의 문자를 연구했다. 다른 학자들이 작성해 놓은 목록표와 사진들을 일일이 대조해보기도 했다. 예를 들어, 큰 사각형 안에 원이 들어 있는 그림은 목록 표 511번에 해당하고, 안경을 쓰고 터번 두른 독수리는 750b번이다. 이런 식으로 하나씩 확인을 하면서, 피터는 팔렝케의 모든 기호와 그림들, 그리고 다른 학자들이 밝혀낸 날짜에 관한 자료를 빠짐없이 두꺼운 공책에 기록해두었다.

확인 작업을 거의 마무리했을 무렵, 피터의 한 동료가 팔렝케에서 열리는 컨퍼런스에 초대를 받았다. 컨퍼런스를 주최한 멀 로버트슨(Merle Robertson)이라는 여성은 오래 전부터 마야 문명에 심취한 전문가였다. 그녀는 마야의 유적지 인근에 위치한 자신의 집에서 컨퍼런스를 열기로 하고, 연관된 사람들을 초청했다. 하지만 초대를 받았던 피터의 동료는 안식일 행사로 참석할 수가 없었다. 그래서 결국 피터가 대신 참가하게 되었다. 이는 결국 피터의 운명을 바꿔놓았다.[1]

마야 문명의 전성기로부터 1,400년이 지난 어느 12월, 치아파스의 밀림 속을 헤매던 피터의 눈앞에 마침내 팔렝케 사원이 모습을 드러냈다. 당시를 떠올리며 피터는 말한다.

"흙길을 한참 동안 걸었는데도 멀 로버트슨의 집은 좀처럼 나타나지 않았죠."

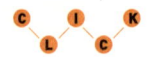

그런데 갑자기 멀리서부터 누군가 자신의 이름을 부르는 소리를 들었다.

"피터? 피터! 피터 매튜스 아니에요?"

당연히 멀 로버트슨이라고 생각했지만, 아니었다.

"전 린다 쉘레(Linda Schele)라고 해요."

테네시에서 밀주 장사를 하던 할아버지 밑에서 자란 린다는 마야의 미술을 공부하기 위해 며칠 전 크리스마스에 무작정 멕시코로 날아왔다고 했다.[2] 피터가 다소 세심한 성격이라면, 린다는 쾌활하고 직설적인 스타일이었다. 린다는 2년 전에도 남편과 함께 팔렝케로 여행을 왔었다. 당시 학교에서 미술을 가르치던 린다는 마야의 정교한 그림을 무척 좋아했다. 원래 두 시간 정도 돌아보려고 했던 팔렝케 여행이 결국 기나긴 탐험이 되어버렸다고 했다.

"남편 데이비드, 그리고 학생들도 무려 12일 동안이나 이곳에 있어야 했죠. 그들의 원성이 하도 심해서, 멕시코 남부 유카탄 지역도 잠깐 다녀오기는 했지만요."

린다는 그 이후 2년 동안 계속해서 이곳을 찾고 있다고 했다. 서로 인사를 나눈 뒤에 피터와 린다는 본격적으로 마야 문명에 대해 이야기를 나누었다. 피터는 린다의 첫인상을 이렇게 기억한다.

"린다는 대단히 사교적인 사람이었죠. 무슨 주제든 간에 항상 열정적으로 이야기를 해요."

그들의 대화는 곧 팔렝케 사원의 상형문자로 이어졌다. 피터와 린다는 처음부터 서로에게 강한 호기심을 느꼈다. 로맨틱한 관계와 전혀 상관 없이, 두 사람 모두 서로에게 강하게 끌리고 있었다.

"우린 서로에게 끌렸어요. 린다에게서 뜨거운 열정을 느낄 수 있었죠. '클릭'이라는 말 대신에 다르게 설명할 표현이 없군요."

며칠 동안 두 사람은 팔렝케 사원을 함께 돌아다녔다. 린다가 유적지를 안내해주겠다는 말에, 피터는 뛸 듯이 기뻤다.

"매일 함께 유적지를 거닐면서 마야 문명에 대해 이야기했어요. 마침내 제 인생의 목표를 발견했다는 생각이 들었어요."

클릭을 겪은 사람들은 무슨 일을 해내는가

롬의 연구에 따르면, 클릭의 순간 사람들은 대부분 '행복감'을 느낀다고 한다. 클릭의 순간에 사람들은 따뜻하고 다정한 시선으로 상대방을 바라본다. 그리고 상대방 역시 우리를 그렇게 바라본다. 그 과정에서 바로 중요한 일이 발생한다.

긍정적인 시선으로 서로를 바라봄으로써 우리는 서로에게서 최고의 능력을 이끌어낼 수 있다. 서로를 다정하고 친절한 시선으로 바라보는 것은 관계가 가까워지는 것으로 끝나지 않는다. 그 과정에서 사람들은 더욱 개방적이고 창조적으로 변하고, 또한 자아의 범위를 더욱 넓히게 된다. 이것이 바로 클릭의 진정한 매력이다.

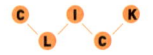

 클릭의 순간 우리는 상대방과 더욱 가까워지는 것은 물론, 우리 자신과 상대방이 최고의 능력을 이끌어낼 수 있는 것이다.

 팔렝케 컨퍼런스 마지막 날 오후, 참여자들은 멕시코 관광을 떠났다.

 "다들 가까운 지역으로 관광을 떠났죠. 하지만 저는 린다와 계속 남아서 제 공책을 가지고 연구를 했죠. 공책 속의 숫자와 상징은 저희들에게 장난감 같았습니다."

 그때만 해도 인류학자 대부분은 마야 사람들이 대략 800개 정도의 상형문자를 사용했다고 생각했다. 하지만 피터와 린다의 생각은 달랐다.

 "우리는 다양한 자료를 시대순으로 나열해보았죠. 실패에 대한 두려움은 없었어요. 함께 아이디어를 공유하면서 용감하게 다양한 해석을 해보았어요. 그렇게 우리의 연구는 한 걸음씩 나아가기 시작했습니다."

 텅 비어 있는 커다란 도표를 채워 나가면서, 피터와 린다는 해독이 완성된 문장을 계속해서 다시 배열해보았다. 완성된 문장 속에서 새로운 실마리를 찾을 수 있지 않을까 하는 기대에서였다.

 수십 년 동안 암호해독 전문가들이 마야의 상형문자를 분석했다. 그런 전문가에 비하면 대학생인 피터와 미술교사인 린다는 그저 초보자에 불과했다. 하지만 그들에게는 다른 사람에게는 없었던 강력한 무기, 즉 클릭의 순간이 있었다.

컨퍼런스 마지막 날 저녁, 피터와 린다는 날짜를 의미하는 문자와 왕들의 이름을 의미하는 문자가 서로 가까이 있다는 사실에 주목했다. 두 사람은 큰 종이에 날짜와 왕의 이름을 하나씩 정리해보았다.

"상형문자를 가지고 놀이를 하고 있었죠. 놀이의 끝에 무엇이 떠오를지 생각만 해도 가슴에 떨렸죠. 그렇게 며칠이 흘렀을까, 조금씩 거대한 그림이 떠오르기 시작했습니다."

오늘날의 날짜 방식으로 두 사람이 정리한 연대표를 한번 살펴보자.

왕의 이름	관련된 날짜	왕의 이름	관련된 날짜
실드 파칼	603년 3월 23일 615년 7월 29일 683년 8월 28일 68년 33일	호크	720년 8월 (판독불가) 18년 72일
		차크	678년 9월 13일 (판독불가) 721년 12월 30일 (판독불가)
찬발룸	635년 5월 23일 684년 1월 10일 702년 2월 20일 18년 40일		
		차크-주츠	671년 1월 23일 723년 6월 17일 731년 8월 20일 8년 64일
호크	644년 11월 5일 702년 5월 30일		

알아보기 힘든 문자가 몇 개 있었지만, 전체적인 의미를 발견하기에는 충분했다.[3] 실드 파칼의 세번째 날짜인 683년 8월 28일을

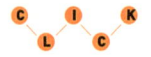

보면, 찬발룸의 두번째 날짜인 684년 1월 10일과 가깝다는 사실을 알 수 있다. 이는 두번째의 날짜가 왕의 즉위일이고, 세번째 날짜가 퇴임일이라고 추측할 수 있다. 그리고 마지막 날짜는 그 왕이 통치를 했던 전체 기간을 나타낸다고 볼 수 있다.

왕의 세번째 날짜와 그 다음 왕의 두번째 날짜를 연결하여 정리해보자. 그러면 연관성을 보다 쉽게 확인할 수 있다.

실드 파칼 왕의 세 번째 날짜 '683년 8월 28일'은 찬발룸 왕의 두 번째 날짜 '684년 1월 10일'과 가깝다. 찬발룸 왕의 세 번째 날짜 '702년 2월 20일'은 호크 왕의 두 번째 날짜 '702년 5월 30일'과 가까운 시점에 위치하고 있다. 판독불가는 차치하고서라도, 차크-주츠 왕의 두 번째 날짜 '723년 6월 17일' 역시 차크 왕의 세 번째 날짜인 '721년 12월 30일'과 가깝다.

린다와 피터는 이것이 결코 우연이 아니라고 확신했다. 그리고 첫째 날은 왕이 탄생한 날, 두번째는 즉위한 날, 그리고 세번째는 퇴임을 한 날, 즉 사망한 날이라고 결론을 내렸다. 예를 들면 실드 파칼 왕은 683년 8월 28에 사망했으며, 그의 후계자인 찬발룸은 그 후 몇 달 뒤인 684년 1월 10일에 왕위를 물려받았다. 그리고 603년 3월 23일은 그의 생일이다.

이를 통해 두 사람은 지금까지 오랫동안 추상적인 상징으로만 알려졌던 마야의 상형문자 기록이 실드 파칼이라는 왕이 603년에 태어나, 스무 살에 왕에 올랐으며, 여든 살에 죽었다는 구체적인 역사적 사실을 담고 있음을 발견했다. 그리고 실드 파칼 왕이 사망한 몇 달 후 48세의 찬발룸이 즉위를 했으며, 그가 사망하자 호크라는 이름의 왕이 57세의 나이로 즉위를 했다는 것을 알아냈다. 또한 마지막 상형문자가 왕의 즉위 기간을 나타내는 숫자라는 것까지 밝혀냈다.

피터와 린다의 발견으로 마야 문명의 기호들은 더 이상 원시적인 상징이 아니라, 하나의 엄연한 문자체계임이 드러났다. 팔렝케 사원의 상형문자들은 모두 마야왕의 통치기간을 역사적으로 설명하고 있었다. 수많은 다양한 기호를 비교하고 결합하는 과정에서 두 사람은 복잡해보이기만 하던 상징에 담긴 메시지를 완전히 해독할 수 있었다. 수많은 암호해독 전문가들이 오랫동안 밝혀내지 못했던 비밀을 피터와 린다 두 사람이 벗겨냈다. 린다의 말을 들어보자.

"컨퍼런스 마지막 날 저녁 세 시간 동안… 마야 200년간의 비밀이 서서히 모습을 드러내기 시작했어요. 우리는 거기서 여덟 명의 왕을 찾아낼 수 있었습니다. 이 모든 게 불과 세 시간 만에 이루어졌어요. 다시는 느껴보지 못할, 마법과도 같은 순간이었죠."

그로부터 30년이 흐른 지금, 피터는 호주의 라트로브 대학에서 인류학 강의를 하고 있다. 그는 팔렝케 시절을 떠올리며 이렇게 말한다.

"우리가 놀라운 발견을 이룩할 수 있었던 것은 자신의 생각을 상

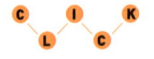

대방에게 그대로 전달하면서도, 서로의 생각을 읽어냈기 때문이었습니다. 이는 일종의 견제와 균형 같은 겁니다. 린다는 항상 번득이는 아이디어를 내었죠. 우리는 서로의 생각을 이해하면서 아주 조금씩 앞으로 나아갔습니다."

우리는 피터의 말 속에서 클릭의 순간을 통해 어떻게 서로에게서 최고의 능력을 이끌어낼 수 있는지 확인할 수 있다.

클릭이 있고 없고에 따라 성과는 어떻게 나타날까

노스웨스턴의 켈로그 경영대학원과 펜실베이니아 와튼스쿨 소속 연구원들은 사람들이 상호교류를 통해 상승효과를 이끌어낼 수 있다는 점을 증명하고자 했다. 이를 위해 회계, 재무, 경영, 통계분석 등 주요 과목을 듣고 있는 MBA 1학년생을 대상으로 실험을 실시했다. 수업은 모두 소규모 그룹 단위로 이루어지고 있었다. 학생들 대부분은 특정한 몇몇에게 더 많은 친밀감을 느끼고 있었다.

연구원들은 학생들에게 가깝고 편하게 느껴지는 동료 열 명을 뽑아보라고 했다.[4] 즉, 클릭의 순간을 경험했던 학생들의 목록을 작성해보라고 했다. 그리고 그 결과를 정리하고 분석한 다음, 이들을 다시 세 명 단위의 그룹으로 묶었다. 여기서 그룹 절반은 서로 클릭을 경험했던 학생들로 구성을 했고, 나머지 절반은 그렇지 않은 학생들로 구성했다. 다시 말해 전자의 그룹에 속한 학생들은 가장 가깝다고 생각되는 열 명 중 두 명과 함께 그룹을 이루고 있다(물론 학생들은 이 사실을 모른다).

이렇게 그룹을 조직하고 나서, 연구원들은 각 그룹에게 과제를 내주었다. 과제는 MBA 학생들에게 익숙한 계산이나 엑셀 프로그램과는 전혀 관계가 없는 것이었다. 학생들은 그룹별로 세 명씩 한 테이블에 앉는다. (테이블은 모두 칸막이로 나뉘어 있다.) 테이블 위에는 장난감, 빨대, 나무젓가락, 그리고 마카로니처럼 생긴 조각들이 가득 놓여 있다. 연구원들은 각 그룹에게 육면체, 피라미드, 원기둥과 같은 사진을 보여주고, 탁자 위의 재료를 사용해 그대로 만들어보도록 지시했다.

학생들이 작업을 시작하면, 연구원들은 실험실을 빠져 나간다. 그리고 시간이 끝나면 돌아와서 학생들의 결과물을 확인한다.

그 다음 과제는 좀더 어려웠다. 그룹별로 한 무더기의 서류를 나누어준다. 거기에는 MBA 과정을 지망하는 학생들의 응시원서(이력서, 에세이, 성적증명서, 추천서)가 들어있다. 각 그룹의 학생들은 원서를 보고 응시생들을 수학능력, 인간관계, 열정, 동기, 경력, 사회활동이라고 하는 여섯 가지 항목으로 평가를 한다. 그리고 이를 바탕으로 최종적으로 합격, 불합격, 대기자로 구분을 한다. 연구원들은 학생들이 내린 결과와 실제 입학사정관들의 결과를 비교한다.

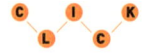

두 과제를 모두 마치고 나서 연구원들은 결과를 분석해보았다. 그 결과 클릭을 경험했던 그룹이 훨씬 높은 성과를 냈다. 어느 정도 예상을 했다지만, 실제 차이는 예상을 훨씬 뛰어넘었다. 첫번째 실험에서 클릭을 한 그룹들은 그렇지 않은 그룹에 비해 평균적으로 20퍼센트나 더 많이 구조물을 완성했다. 그리고 두번째 실험에서도 실제 결과와의 유사성이 70퍼센트 정도 더 높았다.

그렇다면 이 결과를 토대로 구성원들 간의 긴밀한 상호교류가 서로에게 상승효과를 만들어냈다고 말할 수 있을까? 보다 신중을 기하기 위해, 연구원들은 각 그룹의 학생들이 함께 작업하는 동안 주고받았던 대화를 모두 녹음하여 분석해보았다.

우선 클릭을 경험하지 않았던 그룹의 경우, 대부분 예의 바르게 대화를 나누었지만, 과제에 대해서는 다분히 수동적인 자세를 취했다. 여러분이 별로 친하지 않은 사람들과 함께 이러한 과제들을 수행한다고 생각해보자. 아마도 자신의 생각을 적극적으로 펼치기보다는, 일단 그 과제를 마무리하는 것에 더 집중할 것이다.

반면 클릭을 한 그룹은 보다 적극적인 자세로 과제에 임했다. 비교적 쉬운 첫번째 과제를 수행하는 동안, 첫번째 그룹의 학생들은 두번째 그룹에 비해 서로의 의견을 지지하고 격려하는 대화를 세 배나 많이 나눈 것으로 드러났다. 클릭을 하지 않았던 그룹의 경우 억지로 과제를 하고 있다는 느낌이 강하게 묻어났지만 클릭을 했던 그룹의 학생들은 마치 게임을 즐기듯 과제를 수행했다.

두번째 과제에서는 첫번째 그룹이 훨씬 더 열띤 논쟁을 벌였다. 실제로 두번째 과제의 목적은 의견충돌을 유도하는 것이었다. 비슷비슷한 응시생 중 합격자를 골라내는 과정에는 주관적인 판단이 들어갈 수밖에 없기 때문에, 의견충돌이 일어날 가능성이 아주 높다. 하지만 클릭을 하지 않았던 그룹의 경우 의견충돌은 거의 일어나지 않았다. 모두 만족한 결과는 아니었지만, 대체적으로 수월하게 합의를 이끌어냈다. 반면 클릭을 했던 그룹들 속에서는 많은 의견충돌이 일어났다. 물론 충돌은 개인적인 것이라기보다는 업무적 차원이었다. 한 연구원은 이렇게 설명했다.

"두번째 과제에서 나타난 충돌은 감정적이거나 사소한 것이 아니라, 과제를 해결하기 위한 합리적인 형태를 띠었습니다."

클릭을 했던 그룹 내 학생들은 생산적인 충돌을 통해 서로 열정을 나누고 영감을 불어넣고 있었다. 가깝고 편하게 느껴지는 사람과 대화를 나눌 때, 우리는 보다 자연스럽게 자신의 생각과 감정을 드러낸다. 즉 상대방과 다른 주장을 제기할 수 있는 권리를 포기하지 않는다. 이는 자신이 다른 의견을 제안하더라도 상대방이 긍정적으로 바라봐 줄 것이라는 믿음이 있기 때문에 가능하다.

앞서 실험에서 두 가지 과제를 함께 종합해볼 때, 클릭을 경험했던 그룹의 학생들은 과제 수행에서 개인적인 생각을 더욱 적극적으로 표현했다. 그리고 서로 열정을 공유하면서 활발하게 아이디

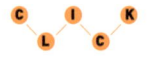

어를 주고받았다. 또한 상대방의 생각들을 강하게 지지하고 격려했다. 특히 두번째 과제에서 서로의 의견을 적극적으로 표출했다. 그들이 초점을 맞춘 것은 과제의 완성이 아니라, 창조적인 작업 그 자체였다.

이러한 현상은 비즈니스 세계에서 특히 의미가 있다. 일반적으로 기업에서 관리자가 직원들에게 업무를 배분할 때, 즐거움의 요소는 고려하지 않는다. 하지만 직원들끼리 클릭의 순간을 경험했다면 친밀한 관계를 바탕으로 업무를 보다 즐겁고 창조적으로 처리할 수 있다. 그것은 직원들 개개인의 능력이라기보다, 서로의 의견을 자연스럽게 드러내고 그 과정에서 발생하는 충돌을 효과적으로 수렴함으로써 각자에게서 최고의 능력을 이끌어낼 수 있기 때문이다.

잘나가는 4중주단과 인기 없는 4중주단을 만드는 차이는?

심리학자 키스 머니건(Keith Murnighan)과 도널드 콘론(Donald Conlon)은 현악4중주 팀들을 대상으로 조직 내 역동적인 상호교류에 대해 연구했다. '왜 어떤 4중주 팀은 성공을 하는 반면, 어떤 팀은 성공하지 못할까?' 그들은 이 질문에 대해 해답을 찾고 싶었다. 현악4중주 공연을 보면서 연주자들이 공동생활에서 어려움을 겪

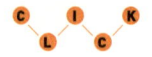

을지도 모른다고 생각하는 사람들은 거의 없다.[5] 하지만 이들 역시 공동체 생활을 하며 많은 어려움을 겪는다.

현악4중주 팀의 기본적인 구성을 살펴보자. 가장 먼저 제1바이올리니스트는 팀의 얼굴이다. 이들은 내부적으로 중요한 역할을 맡고 있다. 하지만 그렇다고 해서 지휘자처럼 다른 구성원들을 이끄는 존재는 아니다. 다음으로 제2바이올리니스트는 제1바이올리니스트를 도와주면서, 동시에 나머지 두 멤버와 조화를 이루어야 한다. 그리고 비올리니스트와 첼리스트는 팀 연주에서 전체적인 균형을 잡아주는 역할을 한다. 현악4중주 팀들은 대부분 하루에 여섯 시간씩 거의 매일을 좁은 연습실에서 함께 지낸다. 그리고 연습을 하는 동안 연주기법과 곡 해석에 대해 끊임없이 의견을 주고받는다. 지휘자가 없기 때문에, 연습 도중에 발생하는 문제는 모두 합의에 의해 해결해야만 한다. 그만큼 다른 형태의 연주팀에 비해 인간관계가 대단히 중요하다.

머니건과 콘론은 이렇게 설명하고 있다.

"같은 곡이라도 다양한 방식으로 연주를 할 수 있습니다. 빠르기, 강약, 리듬, 균형, 멜로디에서 조금만 변화를 주어도 완전히 다른 곡을 만들어낼 수 있습니다."

4중주는 솔로 연주에 비해 개인의 기량이나 개성을 드러내기는 어렵다. 그렇다고 하더라도 각 4중주 팀은 자기만의 고유한 색깔을 드러낼 수 있어야 한다.

머니건과 콘론은 티켓 가격, 앨범 판매량, 공연 횟수, 6개월간 신문 및 잡지 기사 수, 평론가들의 평점을 기준으로 다양한 4중주 팀을 비교 평가해보았다. 그 결과 극심한 양극화 현상이 드러났다. 한쪽 끝에 있는 4중주 팀들은 언론 리뷰, 연주회, 음반 등에서 모두 좋은 성과를 올리고 있었다. 하지만 반대편 끝에 있는 팀들은 간신히 명맥만 유지하는 상황이었다. 그리고 그 중간은 없었다. 어떤 팀들은 부와 명예를 동시에 얻고 있는 반면, 그밖의 다른 팀들은 예식장이나 레스토랑에서 생계를 위해 연주 활동을 하고 있었다. 성공과 실패, 부와 가난이 있고, 중간은 없다.

이러한 양극화 현상의 원인을 설명하는 가장 일반적인 논리는 성공적인 팀이 뛰어난 연주자로만 이루어져 있다는 가정이다. 그러나 직업 연주자들은 모두 기본적으로 훌륭한 연주 기량을 보유하고 있다. 모두 뛰어난 재능을 가지고 있으며, 오랫동안 수준 높은 교육을 받은 사람들이다.

실제로 4중주 팀들의 활동을 자세히 들여다보면, 음악적 재능이 크게 중요한 요소는 아니라는 사실을 확인할 수 있다. 머니건과 콘론은 여러 4중주 팀 멤버들과 심층 인터뷰를 나누고, 연습시간에 실제로 참관했다. 그리고 양극화 현상의 원인이 '내부적 역동성'이라고 결론을 내렸다. 피터와 린다의 경우처럼, 성공적인 4중주단 멤버들은 서로 클릭을 경험했던 반면, 그렇지 못한 팀 멤버들은 단

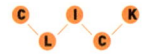

지 업무적인 태도로 연습과 연주에 임하고 있었다. 성공적이지 못한 팀의 멤버들도 대부분 예의 바르게 행동을 하고는 있었지만, 의사개진이나 토론에서는 아주 소극적이었다. 전체 4중주 팀을 클릭을 경험했던 팀과 그렇지 못한 팀으로 구분해 보았을 때, 전자가 후자보다 훨씬 더 높은 성과를 보이고 있었다. 전자의 팀들은 수십 장의 앨범을 발표하고 활발하게 활동하고 있는 반면, 그렇지 못한 팀들은 겨우 몇 장의 앨범만 낸 수준이었다. 티켓 가격은 두 배 정도, 언론의 보도 횟수는 다섯 배나 차이가 났다.

동료와 클릭할 수 있다면 이는 큰 축복이다

4중주 팀 멤버들은 앞서 살펴보았던 MBA 학생들과 비슷한 방식으로 상호교류를 하고 있었다. 성공적인 4중주 팀의 멤버들은 평소에 다른 단원의 의견을 존중하고 서로를 격려했다. 하지만 문제가 발생했을 때 충돌을 두려워하지 않았다. 물론 감정적이고 사적인 차원이 아니라, 더 완벽한 연주를 위한 긍정적인 충돌이었다.

반면 성공적이지 못한 팀의 경우 언제나 예의 바르게 행동했지만, 문제가 발생했을 때 충돌을 회피했다. 논쟁을 벌이는 경우는 거의 없었다. 하지만 곡 해석과 연주방식에서 자신의 주장이 제대로 받아들여지지 않는다며 모두 동일한 불만을 가지고 있었다. 그렇다 보니 리허설 때에는 전체적인 의견에 따라 연주를 하다가도, 실제 공연에서는 원래 자신의 의도대로 연주하는 모습이 종종 보였다. 그 결과 관객들은 전체적으로 조화롭고 잘 다듬어진 연주라는 느낌을 받지 못했다. 이는 결국 티켓 가격과 앨범 판매에 그대로 반영이 되었다.

결론적으로 말해, MBA 학생과 4중주 팀의 사례에서 클릭의 경험이 모두 팀의 성공을 좌우하고 있다. 클릭을 경험한 팀 구성원들은 열정과 에너지, 즐거움, 만족감을 함께 공유하면서 서로에게서 최고의 능력을 이끌어내고 있었다.

마야 문명의 문자를 해독했던 피터와 린다는 아직까지도 각별한 관계를 유지하고 있다. 1997년에 린다는 췌장암으로 시한부 인생을 선고 받았다. 피터는 당시를 떠올렸다.

"텍사스에 있는 린다의 집에 들렀을 때 죽음을 앞두고도 태연한 린다의 모습에 저는 크게 놀랐습니다. 항상 그랬던 것처럼 우리 두 사람은 여러 가지 주제를 붙잡고 이야기를 나누기 시작했죠. 밤 열 시 정도 이야기를 시작했는데 시계를 보니 벌써 새벽 세 시가 다 되었더라고요. 린다와 얘기하다 보면 시간이 어떻게 가는지 기억을 할 수가 없어요. 우리 둘이 만나면 언제나 정신 없이 서로의 이야기 속으로 빨려들죠. 우린 서로를 쳐다보며 말했어요. '이런, 팔렝케 시절이랑 변한 게 하나도 없군.' 팔렝케 유적에서 상형문자를

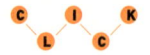

해독하면서 느꼈던 가슴속의 불꽃이 아직까지 그대로 남아 있다는 사실을 실감할 수 있었어요. 우리 두 사람은 항상 그런 식이었습니다. 참으로 기분 좋은 느낌이죠…. 린다도 아마 마찬가지였을 겁니다. 우린 둘 다 축복을 받은 거예요."

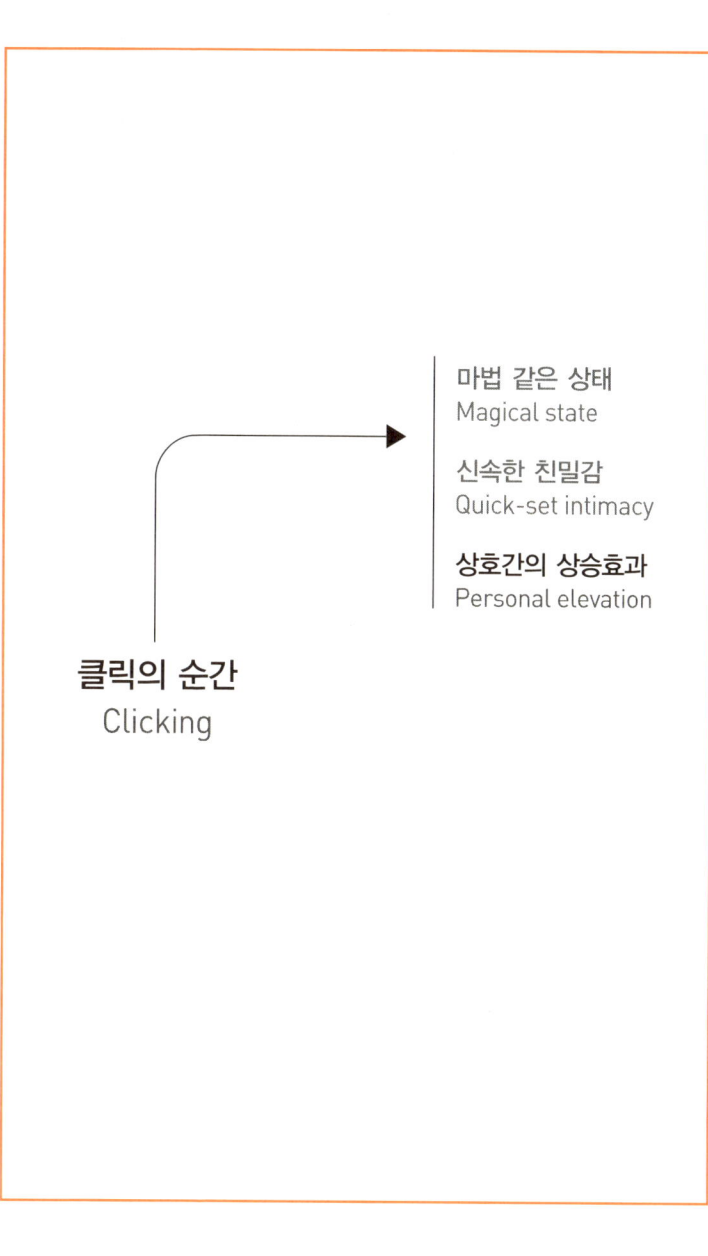

Part 2

CK

클릭
촉진제

3
첫번째
클릭촉진제
– 취약성

자신의 약점을 드러내
인질범을 설득한
네고시에이터

일분일초가 급한 그렉 산시어 (Greg Sancier)는 엑셀을 최대한으로 밟고 있다. 캘리포니아 산호세 지역의 한 가정집에 인질범이 침입했다는 소식을 들었기 때문이다. 인질범이 총을 겨누고 있는 긴박한 현장에서 사람들의 목숨을 구하는 것이 그렉의 임무다.

"집을 나서면서 다섯 시간, 아니 열 시간은 현장에서 빠져 나오지 못할 것이라는 예감이 들었죠. 사건 현장에 출동할 때마다 항상 저는 이렇게 기도를 올립니다. '모두의 생명을 구할 수 있도록 힘을 주소서.' 하지만 솔직히 말해서 가끔은 저도 당혹스럽긴 마찬가지입니다."

　그렉은 25년간 경찰로 복무했다. 그는 베테랑 네고시에이터답게 위기 상황에 처한 인간의 심리와 행동에 대해 많은 것을 알고 있다. 심리학 박사 학위까지 취득한 보기 드문 엘리트다.

　사각턱에 다부진 몸매 그리고 널찍한 어깨를 가진 그렉의 외모는 마치 프로 운동선수 같다. 그의 성격은 외모처럼 외향적이지만 동

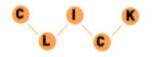

시에 자상한 면이 있다. 짙게 콧수염을 길렀지만, 그 뒤에는 항상 따뜻한 미소가 숨어 있다. 때문에 많은 사람들이 그를 사람 좋은 호인이라 부른다. 인질범을 설득하는 네고시에이터라기보다는, 바비큐 파티장에서 만난 옆집 아저씨처럼 느껴지기도 한다. 그리고 바로 이 점이 네고시에이터로서 그렉이 가진 가장 큰 자산이기도 하다. 네고시에이터인 그렉의 업무방식을 자세히 관찰하면 빠르게 친밀감을 형성하는 중요한 비밀을 이해할 수 있다.

클릭의 순간에 대해 말해보라고 하면 사람들은 대개 과거에 있었던 일을 떠올린다. 누군가와 갑자기 친해졌을 때 또는 특별한 행운을 만났을 때를 애써 떠올린다. 하지만 그렉은 다르다. 그에게 클릭의 순간은 과거의 기억이 아니라 미래의 임무다. 인질사건이 일어난 현장으로 출동할 때마다 그렉은 긴박한 상황 속에서 어떻게 하면 인질범과 클릭의 순간을 만들어낼 수 있을지 궁리한다. 이러한 점에서 그렉의 클릭은 결코 우연히 발생하는 순간이 아니다. 그렇다면 그렉은 도대체 어떻게 클릭의 순간을 인위적으로 만들 수 있는 것일까?

감성적 도구상자

지금 그렉은 현장으로 급히 차를 몰면서 오늘 해결해야 할 문제에 대해 생각하고 있다.[1] 에드 존스라는 인질범은 이번 사건으로 캘리포니아의 삼진아웃제에 걸리고 말았다. 중범죄를 이미 두 번이나 저질렀기 때문에 이번에 잡히면 종신형을 피하기 어렵다. 존스 스스로도 이를 잘 알고 있을 것이다.

"체포되는 순간 존스는 평생을 감옥에서 보내게 되겠죠. 그는 갱 멤버였어요. 갱들은 경찰에 체포당하는 것을 수치라고 여기기 때문에, 자살을 선택할 확률이 아주 높죠. '경찰을 이용한 자살(suicide by cop)'이라는 말을 들어 보셨나요? 일부러 위협적인 행동을 해서 경찰이 자신을 쏘도록 유도하는 것을 일컫는 말이죠."

베테랑 네고시에이터인 그렉의 머릿속에 다양한 전술들이 오가고 있다. 현장의 병력지원도 충분하다. 하지만 인질과 인질범 모두 아무 희생 없이 사건을 마무리하려면, 존스가 스스로 투항을 하도록 만드는 것이 최선이다. 그러자면 우선 존스에게 다가가야 한다.

나중에 자세하게 설명을 하겠지만, 인질범과 빠르게 친밀감을 형성하는 그렉의 기술은 일상생활에서도 적용이 가능하다. 그렉은 언제나 가슴 속에 '감성적 도구 상자'를 들고 다닌다. 그리고 인질범과 협상할 때마다 상황에 맞게 특정한 도구들을 꺼낸다.

"상대방이 조금의 틈만 보여도 저는 곧장 감성적 상자 속의 도구를 꺼내들고 인질범의 마음속을 비집고 들어갑니다. 인질범과 저 사이의 아주 사소한 공통점을 이용하는 거죠. 낚시 같은 취미 하나로도 충분합니다."

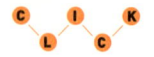

그렉은 목숨이 오가는 긴박한 상황 속에서 친밀감을 이끌어내는 놀라운 기술을 가지고 있다. 인질범에게 다가가면서 그렉은 가장 먼저 자신의 가장 강력한 무기인 친밀감을 도구상자에서 꺼낸다. 여기에는 과학이 숨어있다. 최근 연구에 따르면 사소한 심리적 신호만으로도 관계를 급속하게 발전시킬 수 있다고 한다. 작은 제스처나 표정만으로도 상대방에게 큰 호감을 줄 수 있다는 뜻이다.

한 연구에서 심리학자들은 피실험자들을 각기 다른 방에 들어가게 해 놓고 그 방에 그들이 알지 못하는 사람들을 한 명씩 집어넣어 대화를 나누게 하는 실험을 했다.[2] 방에 들어가 있던 피실험자들은 새로 들어온 사람과 윤리적으로 애매모호한 상황에 대해 대화를 나누게 된다. 예를 들면 '친구의 약혼자가 다른 사람과 키스하는 것을 보았다면 어떻게 하겠습니까?'라든지, '동생이 값비싼 물건을 훔치는 장면을 목격했다면 어떻게 하겠습니까?'와 같은 주제들이다. 물론 이 질문에 정답은 없다. 그래도 두 사람은 합의점을 찾기 위해 토론을 벌여야 한다.

그런데 여기서 중요한 것은 토론의 내용이 아니다. 피실험자의 대화 상대로 들어간 사람들은 사실 실험 보조요원이다. 연구를 주도한 심리학자들은 실험 보조요원들로 하여금, 절반의 피실험자들에게는 아무런 신체적 접촉 없이 대화만 나누게 하고, 다른 절반의 피실험자들에 대해서는 세 번에 걸쳐 가벼운 접촉을 시도하도록 했다. 5분 동안 보조요원들은 어깨에 한 번 그리고 팔꿈치 부위에 손으로 두 번 가벼운 터치를 한다. 이러한 접촉에 아무런 눈치를 채지 못하는 피실험자도 있고, 가볍게 곁눈질로 바라보는 사람들도 있었다.

이 접촉은 불쾌감을 주지 않는 일상적인 수준이다. 그리고 대화가 모두 끝나면, 연구원들은 피실험자들에게 대화를 나누었던 상대방에 대한 느낌을 말해보라고 했다. 예상대로 신체적 접촉을 했던 그룹의 피실험자들이 파트너에 대해 더 많은 친밀감을 느낀 것으로 드러났다. 이 그룹의 피실험자들은 '친밀감, 애정, 이해, 신뢰, 편안함, 유사성, 개인적 측면'에서 다른 그룹에 비해 더 높은 점수를 주었다.

사람들은 신체적인 접촉을 무의식적인 차원에서 친밀감으로 인식한다. 그렇기 때문에 순간적으로 접촉을 하는 것만으로도 상대방에게 더 친근한 느낌을 전달할 수 있다. 그리고 이러한 느낌은 관계형성에 큰 역할을 한다. 눈을 마주치는 것도 비슷한 효과를 준다. 한 실험에 따르면, 채용면접 시 면접관들은 눈을 더 많이 마주친 후보자들에게 더 높은 점수를 주었으며, 그 업무에 더 적당한 인물이라고 평가한 것으로 나타났다(물론 후보들의 능력에 유효한 차이는 없다).[3]

신체적으로 접촉하고 눈빛을 마주치는 행위는 상대방에게 호감을 가지고 있다는 것을 알려주는 직접적인 신호다. 이를 통해 우리

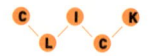

는 자연스럽게 친밀감을 전달할 수 있다. 여기서 흥미로운 사실 한 가지는, 상대방으로부터 이러한 신호를 받을 때, 사람들은 대부분 자신도 보답을 해야 한다는 생각을 무의식적으로 갖게 된다는 점이다. 어떤 사람이 나를 좋아한다는 신호를 보낼 때, 우리는 자동적으로 비슷한 느낌을 되돌려주어야 한다는 생각을 본능적으로 하게 된다.

 촉각과 시각뿐만이 아니라, 후각도 비슷한 작용을 한다. 오래 전부터 많은 과학자들은 인간의 페로몬에 대해 연구를 해왔다. 페로몬이란 동물들이 성적인 매력을 과시하기 위해 뿜어내는 생체 화학물질을 말한다. 그간 과학자들은 인간이 페로몬의 영향을 받지 않는다고 믿어왔지만, 최근 들어 인간 역시 독특한 체취에 반응을 한다는 연구 결과가 속속들이 나오고 있다.

 정말 그럴까? 이를 확인하기 위해, 몇몇 과학자들은 서로 다른 두 여성 그룹을 대상으로 그들이 한 번도 본 적이 없는 남자들의 사진을 보여주고 느낌을 묻는 실험을 했다.[4] 그리고 두 그룹 모두에게 사진 속 남자들의 얼굴과 몸매, 자신감, 지성, 성격에 대해 점수를 매기도록 했다. 여기서 두번째 그룹에게는 독특한 장치를 추가했다. 그들이 사진을 보고 있던 방 안에, 남성들의 겨드랑이에 여덟 시간 동안 넣어두었던 면 패드를 눈에 띄지 않도록 놓아두었다. 하지만 냄새의 강도는 아주 약해서, 어떤 피실험자도 이를 의식적으로 느끼지 못했다. 실험을 마치고 나서 연구원들은 사진 속 남자들에 대한 장기적 관계의 측면(가령 가정적이고, 지적이고, 상대방을 배려하는 등)에 대해 두 그룹의 여성들이 어떻게 다르게 평가했는지 비교해보았다. 결과는 예상대로 놀라운 차이가 있었다. 패드를 놓아두었던 두번째 그룹의 여성들이 더 높은 점수를 주었다. 그다지 성적 매력이 없어 보이는 남성들의 점수 차이가 더 두드러지게 나타났다.

하지만 대뇌신피질(neocortex)에 의한 합리적인 판단에서는 두 그룹이 별로 차이가 없었다. 다시 말해, 남성들의 체취에 영향을 받은 두뇌 영역은 이성적이 부분이 아니라 본능적인 부분이었다. 두번째 그룹의 여성들은 남성들의 체취를 무의식적으로 받아들였고, 이를 바탕으로 사진 속의 남성들을 더욱 매력적으로 평가했다.

신체적인 접촉, 눈빛 교환, 그리고 냄새, 이 모든 감각적 요소들이 친밀감을 높이는 작용을 할 수 있다. 그랙의 '감성적 도구상자' 속에 들어있는 도구들 역시 바로 이와 같은 감각적 요소들이다. 촉각, 시각, 후각의 다양한 감각적 요소들을 통해 그랙은 인질범에게 더 높은 신뢰와 호감을 전달할 수 있다.

물론 인질범과 협상을 하기 위해서는 더욱 강력한 도구가 필요하다. 인질범과의 먼 거리를 극복할 수 있어야 하기 때문이다.

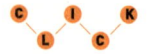

클릭의 순간을 창조하는
다섯 가지 요소

인질범과의 협상을 성공적으로 이끌기 위해서는 '클릭의 순간'이 필요하며, 이때 필요한 강력한 도구를 '클릭촉진제'라고 부른다. 앞으로 우리는 인질범과 협상을 벌이는 그렉 산시어 뿐만 아니라, TV 프로그램에 출연을 위해 오디션을 보는 배우, 완벽한 식사 서비스를 만들어내는 주방장, 그리고 온라인으로 사랑을 싹 틔우는 커플에 이르기까지 다양한 사례를 통해 클릭의 순간이 이루어지는 전반적인 과정에 대해 살펴보게 될 것이다. 그리고 그 속에서 클릭의 순간을 창조하는 다섯 가지 요소, 즉 '클릭촉진제'를 확인해볼 것이다.

다섯 가지 클릭촉진제란 취약성(vulnerability), 근접성(proximity), 공감대(resonance), 유사성(similarity), 그리고 단절된 공간(safe place)을 말한다. 각각의 사례 속에서 우리는 이 다섯 가지 요소들을 점검해볼 것이다. 그리고 이 요소들이 클릭의 순간에 어떠한 기여를 하는지 확인해볼 것이다.

첫번째 촉매제인 '취약성'은 다섯 가지 요인 중 가장 오해를 많이 받는 요소다.[5] 취약성이란 자신의 나약한 모습을 상대방에게 그대로 드러낸다는 의미다. 상대방에게 약점을 그대로 노출할 때, 사람들은 대부분 자존심이 상하는 느낌을 받는다. 하지만 관계형성이

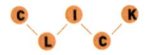

라는 차원에서 바라볼 때, 이는 대단히 긍정적인 시도다. 자신의 취약성을 전달함으로써 우리는 상대방과 보다 쉽게 클릭의 순간을 만들어낼 수 있다.

정서적, 심리적, 신체적으로 스스로를 위험에 노출시킴으로써 우리는 상대방에게 더 많은 신뢰감을 줄 수 있다. 그리고 상대방으로부터도 더 개방적인 태도를 이끌어낼 수 있다. 나와 상대방이 동시에 자아에 대한 긴장감을 낮출 때, 관계는 급속도로 발전한다. 두 사람이 처음부터 서로의 약점을 공개하고 솔직하게 감정을 드러낼 때, 신속한 친밀감의 기회, 즉 클릭의 순간이 일어날 가능성이 훨씬 높아지는 것이다.

다시 산호세로 달려가고 있는 그렉으로 돌아가보자. 현장에 도착한 그렉은 힘든 밤이 될 것이라는 애초의 걱정이 맞아떨어졌다는 느낌이 들었다. 인질범 존스에게 다가가기 위해 그렉은 다양한 방법을 시도했다. 앞서 설명했듯이 존스는 삼진아웃제에 걸려버린, 잃을 것 하나 없는 갱단 멤버다. 그런 존스의 마음을 열기 위해 그렉은 15시간이나 노력했다. 그는 당시를 이렇게 회상한다.

"인질범을 안심시키기 위해서는 상당한 시간이 필요합니다. 섣불리 다가가다 보면 인질범들은 이렇게 소리치죠. '허튼 수작 하지 마! 여기 있는 사람들 모두 죽여 버릴 거야. 날 죽이러 왔다는 걸 잘 알고 있으니 당장 꺼져버려!' 그들의 적개심을 누그러뜨리려면 일단 오랜 시간을 기다릴 줄 알아야 합니다."

 인질범이 아무리 거칠게 반응을 해도 그렉은 흔들리지 않는다. 그는 협상이란 공을 들여 호흡을 맞추어 나가야 하는 난이도 높은 사교댄스라고 여기고 있다. 인질범의 거친 말에 공격적으로 대응하는 대신, 그렉은 친밀감을 형성하기 위해 조금씩 그러나 끊임없이 다가선다. 그는 존스에게 말을 건넸다.

 "나도 어려운 나날을 보내고 있어요. 물론 당신의 경우와는 다르지만요. 사실 얼마 전 어머니가 돌아가셨거든요."

 존스의 입이 열렸다.

 "어머니가 돌아가셨다고요?"

 그 순간, 그렉은 첫번째 관문을 통과했다는 느낌이 들었다. 처음으로 인간적인 유대감이 형성되면서, 본격적인 협상 과정이 시작된 것이다.

 밤이 깊을 무렵, 상황이 절망적이라는 것을 잘 알면서도 존스는 조금씩 마음의 문을 열어갔다.

 "마침내 존스가 부모님과 작별인사를 하고 싶다고 하더군요."

 잠깐 휴식을 취하면서 요기를 하고 있던 그렉의 귀에 사람들의 외침이 들려왔다.

 "지금 걸어 나오고 있어요!"

 힘든 밤을 함께 했던 노력이 결국 보상을 받은 것이다.

 "사람들의 외침을 듣자마자 밖으로 뛰쳐 나갔죠. 그전까지만 해

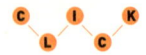

도 SWAT 요원들은 제 방식을 못마땅하게 여기고 있었죠. 하지만 존스는 결국 제 발로 걸어 나와 저를 껴안아 주었어요."

생과 사가 오가던 긴장된 순간이 지나고 새벽이 밝아올 무렵, 아무도 예상치 못했던 결말이 이루어진 것이다. 그것은 그렉이 먼저 자신의 아픈 마음을 털어놓고, 오랜 시간 끈질기게 인간적으로 접근했기 때문에 가능한 일이었다. 이처럼 가면을 벗어던지는 시도는 관계의 속성을 순식간에 바꾸어 놓을 수 있다.

스탠포드 MBA의 터치필리 수업

매일 금요일 저녁, 스탠포드 MBA 학생들은 기업이 후원하는 모임에 참석한다. 거기서 학생들은 한 손에 빨간 플라스틱 맥주 컵을 들고 삼삼오오 모여 이야기를 나눈다. 중간시험이나 채용면접, 동문회 골프 시합 등 그들이 나누는 대화의 주제는 다양하다. 그런데 이 모임에 참석하여 사람들과 얘기를 나누다보면, 어김없이 '터치필리 그룹(Touchy-Feely groups)'이란 말을 듣게 된다.

호기심 넘치는 1학년 학생들이 그게 도대체 뭔지 물어보면, 선배들은 종종 "여기서 설명하기는 힘든데…", 또는 "비밀이에요.", 아니면 "완전히 색다른 수업이죠."라고 대답한다.

스탠포드 대학의 MBA는 재무, 경제, 경영, 통계 분야에서 특히 인기가 높다. 그 중에서 가장 유명한 수업은 '상호 역동성(Interpersonal Dynamics)'이라는 과목이다. 하지만 학생들은 아무도 그 수업을 그렇게 부르지 않는다. 교수들 역시 원래 이름 대신에 '터치필리'라는 별명으로 부르곤 한다. 오리 브래프먼은 스탠포드 MBA에 막 들어갔을 무렵, 터치필리 수업이 지하의 작은 방에서 이루어지고 있는 모습을 보고 깜짝 놀랐다.

일반적으로 스탠포드 MBA 수업은 큰 강의실에서 엄격한 방식으로 진행된다. 교수들은 첫 날부터 교과서의 중간까지 진도를 나가버린다(예습의 중요성을 잘 모르는 신입생들은 당황하기 마련이다). 게다가 수업에 참여하기 위해서는 엄청난 양의 사례 분석 자료를 모두 읽어 와야 한다. 일부 교수들은 수업시간에 무작위로 학생들을 뽑아서, 그 사례에 대해 설명해보라고 한다. 그래서 일명 소크라테스 강의법이라고 불린다. 이러한 점에서 스탠포드 MBA는 비즈니스 신병훈련소 같은 곳이다. 나중에 비즈니스 세계에서 맞이하게 될 수많은 위기의 순간에도 당황하지 않도록 예비 비즈니스 리더들을 훈련시키기 때문이다.

힘든 과정으로 꽉 찬 첫 해를 보내고 나서, 오리는 마침내 터치필리의 세계로 입문을 하게 되었다. 터치필리에 참여한 학생들은 널찍한 강당 대신, 조그마한 스터디룸에 모인다. 그리고 놓여있던 책상들은 모두 벽 쪽으로 밀어 넣은 뒤, 의자들을 둥그렇게 배열해 앉는다. 조금 뒤, 40대 초반쯤으로 보이는 한 남자가 들어와서 자

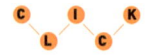

신을 '회의 안내자'라고 소개한다. 그의 임무는 터치필리 수업에 참여한 학생들이 원활하게 토론을 할 수 있도록 도와주는 것이다. 그가 자리에 앉자, 학생들은 놀란 표정으로 서로를 쳐다본다.

터치필리에 처음으로 참석한 학생들은 회의 안내자라고 하는 사람이 무슨 말이라도 꺼내기를 기다리면서, 다른 학생들의 눈치만 살피고 있다. 하지만 안내자는 도무지 입을 열 생각이 없어 보인다. 대화의 주제를 제시하는 것도 아니다. 어색한 침묵이 한참 이어지고 나서야 학생들이 이런저런 얘기를 꺼내기 시작한다. 그렇게 한 시간 정도가 흐르고 나서도, 학생들은 계속해서 이야기를 이어가느라 진땀을 흘리고 있다. 첫 수업은 바로 이렇게 아주 이상하고 묘한 분위기로 흘러간다.

수업 시간이 다 되어갈 무렵, 드디어 입을 연 안내자가 터치필리 모임에 대해 다소 신비스런 방식으로 설명을 하기 시작했다. 이 모임의 규범(norm)은 분명하고 간단하다. 그것은 자신의 감정을 있는 그대로 솔직하게 표현하는 것이다. '여기, 그리고 지금' 자신의 마음속에 떠오르는 감정에 집중을 하면서 이를 그대로 드러내는 것이다. 하지만 이는 컨설턴트나 은행원으로서 몇 년간 직장생활을 한 젊은이들에게 결코 쉬운 과제가 아니다.

이후 몇 주 동안, 터치필리의 멤버들은 서로 차례대로 돌아가면서 자신의 감정을 드러내기 위해 노력을 한다. 물론 여기서 오가는 대화는 지극히 사적인 내용이 많기 때문에, 수업중에 나눈 이야기는 절대로 외부에 발설하지 않겠다는 맹세를 해야만 한다. 터치필리 수업을 진행하는 동안, 오리 역시 예전의 비밀 이야기를 털어놓았다.

하지만 터치필리가 넷째 주에 접어들면서부터 예상치 못한 일이 벌어지기 시작했다. 한 남자 멤버가 이렇게 얘기를 꺼냈다.

"지금의 감정에 집중을 하고 말을 하려면 이상하게 불편한 마음이 들어요."

그러면서 지금까지 아무에게도 말한 적이 없다는 어릴 적 경험을 털어 놓았다. 여기서 우리가 주목해야 할 사실은, 이후 친밀도 평가에서 다른 학생들이 이 남성에게 준 점수는 10점 만점에 가까웠다는 점이다. 이 남성은 스스로 자신의 가장 은밀한 비밀을 털어놓았고, 이에 대해 다른 학생들은 친밀감 항목에 최고의 점수를 주었다.

게다가 그 남성이 비밀을 털어놓은 이후, 다른 학생들도 더욱 과감하게 개인적인 이야기를 털어놓기 시작했다. 목돈을 날렸을 때, 목숨을 걸고 다이어트를 했을 때, 그리고 암에 걸려 사경을 헤매고 있을 때 등 다양한 고백들이 쏟아져 나왔다. 그룹 멤버들은 어느새 모두 개인적인 상처까지 털어 놓았고, 누구 할 것 없이 자신의 약점을 솔직하게 드러내기 시작했다. 두려움과 고통, 그리고 수치심을 감추기 위해 그동안 높이 쌓아왔던 자아의 벽을 스스로 허물어 나가기 시작했다. 여기서 놀라운 점은, 내면의 어두운 면을 적극적

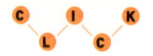

으로 공개하려는 노력이 결국 서로에 대한 강한 믿음으로 이어졌다는 사실이다. 처음으로 어린 시절의 아픔을 밝힌 학생에게 오리는 이렇게 이야기했다.

"당신의 이야기를 들으면서 저도 모르게 친근한 감정을 느낄 수 있었어요."

이러한 분위기가 형성되면서 그룹 멤버들의 연대감은 더욱 강해졌다. 이 사례에서는 학생들 간의 상호작용이 결정적인 역할을 했다. 한 학생이 어릴 적 비밀을 털어놓자, 다른 학생들 역시 자신의 경험들을 솔직하게 공유했다. 그리고 이러한 과정이 이어지면서, 그룹 멤버들은 서로에게 친밀한 감정을 느끼게 되었고, 서로를 더욱 편안하게 대하게 되었다. 다시 말해 참여자 모두 클릭의 순간을 경험한 것이다. 여기서도 한 가지 흥미로운 사실이 있다. 터치필리 수업에서 오리가 느꼈던 감정이 롬의 실험에서 피실험자들이 묘사했던 감정과 아주 흡사했다는 점이다.

일부러 속 깊은 이야기를 드러낼수록 친밀감은 높아진다

터치필리 수업의 의미를 더욱 확실하게 이해하고자 한다면, 일상적인 상황에서 자신의 약점을 드러내려는 시도의 중요함에 대해 생각해볼 필요가 있다.

만약 하루 종일 보이스 레코더를 몸에 지니고 다니면서, 배우자와 수다를 떨고, 직장에서 회의를 하고, 슈퍼에서 껌을 사면서 나누는 모든 대화를 녹음한다고 상상을 해보자. 그리고 나중에 녹음된 것을 틀어 놓고, 각각의 대화 속에서 자신의 약점을 전혀 드러내지 않는 경우에는 1점을, 그리고 많이 드러냈을 경우에는 5점으로 평가를 한다고 가정해보자.

그러면 우리는 점수별로 각각의 표현들을 나열해볼 수 있다. 한쪽 끝에는 가장 '형식적' 표현이 놓이게 될 것이다. 이는 감정을 거의 드러내지 않는 말들을 의미한다.[6] 예를 들어, '안녕하세요.', '만나서 반가워요.'와 같은 일상적인 인사가 여기에 해당한다. 이러한 대화들은 일상생활에서 윤활유와 같은 존재다. 우리가 이런 인사를 건네는 이유는 특별한 메시지를 전달하려는 것이 아니라, 상대방과의 만남을 보다 부드럽게 만들고자 하는 것이다.

형식적인 표현 바로 옆에 '객관적(factual)' 표현이 있다. 가령 '전 뉴욕에서 살고 있어요.', '어떤 일을 하고 계신가요?' 등과 같이 개인적인 감정이 별로 담겨있지 않은 말들이다.

그 다음으로 '주관적' 표현이 있다. 이는 특정한 대상에 대한 자신의 의견을 전달하는 것을 말한다. 가령 '그 영화 아주 재미있던데요?', '오늘 헤어스타일 멋진 걸요?' 같은 표현들이 있겠다. 이러한 말을 할 때는 어느 정도 위험을 감수해야 한다. 자신의 의견을 제시함으로써 상대방과 충돌할 수 있는 가능성을 제공하기 때문이

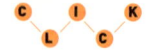

다. 물론 여기서의 위험은 비교적 사소한 것이기는 하다.

지금까지의 세 단계, 즉 형식적, 객관적, 주관적인 표현은 모두 '사무적' 카테고리에 해당한다. 사무적인 카테고리에 해당하는 표현들은 감정보다는 정보를 중심적으로 전달하는 의사소통을 말한다. 여기서 한 걸음 더 나아가면, '관계지향적' 카테고리에 이른다. 자신의 약점을 솔직하게 드러내는 표현이 관계지향적 카테고리에 해당한다.

다음 단계는 심리학자들이 말하는 '감정을 드러내는 표현(gut-level)'이다. 가령 '당신이 여기 없으니 참 안타깝군요.', '함께 있어 줘서 너무나 든든합니다.'와 같은 말들이다. 이러한 표현들은 모두 개인적, 감정적인 메시지를 직접적으로 전달한다. 사람들은 대개 자신이 신뢰하고 있는 가까운 사람들에게 이러한 표현을 쓴다.

마지막 표현은 아주 가까운 사람들 사이에서도 좀처럼 하기 힘든 말이다. 우리는 이를 '피크(peak)' 표현이라고 부른다. 피크 표현이란 자신의 취약점을 그대로 드러내는 표현이다. 이를 통해 우리는 가장 사적인 부분까지 상대방에게 공개하게 된다. 그만큼 상대방과 충돌할 수 있는 가능성도 높아진다. 예를 들어, "내가 아이들을 제대로 보살피지 못한다니, 정말 어이가 없군요. 지금 내 기분이 어떤지 짐작이나 하세요? 정말로 내가 그 정도밖에 안 된다고 생각하는 거예요? 좋은 엄마가 되지 못할 거라고 생각하는 거냐고요? 당신이 그렇게 생각을 했다니 정말 실망이네요."와 같은 대화를 생각해볼 수 있다.

 터치필리 수업의 목표는 학생들의 대화가 사무적 카테고리에서 관계지향적 카테고리로 넘어가도록 만드는 것이다. 이 수업을 통해 학생들은 아주 중요한 경험을 하게 된다. 터치필리 수업은 형식적 단계에서 피크 단계로 대화의 수준을 조금씩 높여감으로써, 인간관계의 특성을 극적으로 바꿀 수 있는 가능성을 보여주는 수업이다.

 여기서 다시 한 번 존스와 긴박한 순간을 보냈던 그랙의 이야기로 돌아와보자. 그랙은 터치필리 과정의 핵심을 몸으로 보여주고 있다.

 인질 전문가들은 대부분 가장 먼저 무력을 사용하는 전략을 염두에 둔다. '너는 포위됐다. 투항하지 않으면 발포하겠다.'라고 협박하는 것이 가장 일반적인 대처방법이다. 하지만 그랙은 달랐다.

 "저는 언제나 인간적인 호소를 통해 다가갑니다."

 실제로 그랙은 아주 사적인 차원에서 존스에게 다가갔다.

 그랙은 취약점을 드러냄으로써 친밀감을 높일 수 있다는 전략을 적극 활용했다.

 "아주 힘든 상황이었죠. 존스 역시 어렸을 적에 가까운 사람들로부터 많은 상처를 받았을 것입니다. 그런 아픔이 있는 사람들은 성인이 되어서도 아무도 믿질 못합니다. 그렇기 때문에 안심을 시키

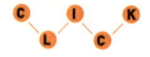

기가 더 힘들었던 거죠."

그렇더라도 그렉이 대면하고 있던 문제는 우리가 일상생활에서 흔히 만나는 문제와 크게 다르다고 볼 수 없다. 사람들은 대부분 처음 만나는 이들과 날씨에 대해 이야기한다. 감정을 직접적으로 드러내는 이야기는 좀처럼 하지 않는다. 만약 처음 만난 자리에서 느닷없이 그런 말을 한다면, 상대방은 여러분을 이상한 눈으로 쳐다보며 자리를 피하려 들 것이다. 즉 섣부른 시도는 오히려 거리를 더 멀어지게 할 위험이 있다.

모르는 사람과 짝지어 대화하기 실험

스토니브룩(Stony Brook) 대학의 애런 교수는 오랜 기간 동안 인간관계에 대해 연구를 했다.[7] 그의 주장에 다르면, 친밀감을 형성할 수 있는 최고의 비결은 대화의 과정에서 감정적인 단계를 '조금씩' 높여가는 것이라고 한다. 형식적, 객관적 단계의 표현들은 깊은 관계를 형성하는 데 직접적인 도움이 되지는 않지만, 그러한 관계를 쌓아나가기 위한 출발점으로서 영향을 미친다.

이와 같은 주장을 뒷받침하기 위해, 애런 교수가 주축이 된 연구팀은 한 가지 실험을 수행했다. 그들은 넓은 강의실에 서로 모르는 학생들을 모아 놓고, 두 사람씩 짝을 짓도록 했다. 그리고 서로의 파트너와 25분간 대화를 나누도록 했다. 그 중 절반의 그룹에게는 객관적, 주관적 단계에 해당하는 대화 주제의 목록을 주었다. 가령, 가장 기억에 남는 선물, 할로윈 때 했던 일, 가장 즐거웠던 휴가, 일어나고 잠드는 시각, 지난달에 열심히 보았던 TV 프로그램, 가장 가보고 싶은 해외 관광지 등에 관한 것이었다. 이러한 종류의 질문들은 어느 모임에 가서나 쉽게 주고받을 수 있는 주제에 해당한다.

두번째 그룹에게도 역시 마찬가지로 객관적, 주관적 단계의 표현 항목들을 제시했다. 가령 전화를 걸기 전에 무슨 말을 할지 먼저 생각을 해 보는지, 최근에 노래를 불러본 것이 언제인지 등이다. 하지만 대화가 어느 정도 진행되기 시작하면, 이 그룹의 멤버들에게는 다른 주제가 다시 한 번 제시된다. 개인적인 감정을 더 많이 드러낼 수 있도록 가장 소중한 추억은 무엇인지, 자신의 삶에서 사랑과 우정이 얼마나 큰 비중을 차지하고 있는지, 그리고 가족들 사이가 얼마나 가까운지에 관한 항목들로 대화를 나누게끔 유도했다.

30분 정도 흘렀을 때, 연구원들은 두번째 그룹의 대화 주제 수위를 더 높였다. 가령 '지금까지 살아오면서 가장 힘든 순간이 언제였습니까?', 그리고 마지막으로 '지금 여러분의 가족들 중에, 누구의 죽음이 여러분에게 가장 힘들 것이라 생각됩니까?'라는 질문을 제시했다. 이런 종류의 질문에 답하기 위해서는 사적인 부분을 많

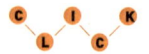

이 드러낼 수밖에 없다.

　실험 결과, 두 그룹의 반응은 큰 차이를 보였다. 총 45분간의 대화를 마친 뒤에, 애런 교수는 참여한 학생들에게 상대방에 대해 어떻게 느꼈는지 설문조사를 통해 물어보았다. 그리고 추측대로 형식적 단계로부터 피크 단계로 올라갔던 두번째 그룹의 학생들이 첫번째 그룹보다 친근감을 더 많이 느낀 것으로 드러났다.

　하지만 이보다 더욱 놀라운 사실은 2주 후에 드러났다. 애런 연구팀은 실험 후 학생들의 심리 상태를 확인하기 위해, 앞서 실험에 참여했던 학생들을 다시 강의실로 불러들였다. 그런데 특이한 패턴이 확연히 눈에 들어왔다. 두번째 그룹에 속했던 대부분의 학생들이 서로 짝을 지어 앉아 있는 것이 아닌가! 게다가 그들은 실험이 끝난 후에도 개인적으로 종종 만났다고 했다. 실험에서 두번째 그룹 학생들이 보여주었던 친밀감이 실험 이후에도 지속적으로 유지되고 있었다. 이러한 현상은 스탠포드의 터치필리 과정에서도 똑같이 나타났었다. 이 사례들은 한번 형성된 친근함은 특정한 상황이 끝난다고 해서 바로 사라지는 것이 아니라는 사실을 보여준다.

　위 실험 결과는 대단히 흥미롭다. 물론 형식적인 대화에서 깊이 있는 대화로 나아간 학생들이 강한 친근감을 느끼는 것은 상식적인 결론이 아니냐는 지적이 있을 수 있다. 하지만 이 실험 속에는 중요한 메시지가 담겨있다. 그것은 취약성을 일부러 드러내려는 시도가 친밀감을 형성하는 과정에 아주 중요한 역할을 한다는 사실이다.

애런 연구팀은 또 다른 학생들을 대상으로 설문조사를 실시했다. 설문지의 내용은 가족이나 친구와 같이 강한 친밀감을 느끼는 사람들의 목록을 작성하고, 평소에 그들과 얼마나 가깝게 지내고 있는지 점수를 매겨 보는 것이었다. 설문조사를 마치고 나서, 연구팀은 그 점수를 앞의 실험에서 두번째 그룹에 속한 학생들이 상대방에 대해 평가했던 친밀감의 점수와 비교를 했다. 그 결과는 대단히 충격적이었다. 겨우 45분간 대화를 나눈 상대방과의 친밀도 점수가 오랜 시간을 함께 맺어온 사람들 중 상위 30퍼센트의 친밀도 점수와 비슷했던 것이다. 결론적으로 순간적으로 형성된 친밀감이 평생 동안 쌓아온 친밀감보다 더 강력할 수도 있다는 말이다.

사람들은 좀처럼 약한 모습을 다른 사람들에게 드러내려고 하지 않는다. 하지만 우리가 지금 살펴보고 있는 사례들은 의도적으로 취약점을 드러냄으로써 신속하게 친밀감을 형성할 수 있다고 말을 하고 있다. 신속한 친밀감은 때로는 놀라운 사건으로 이어진다. 실험이 끝나고 몇 달 뒤, 실험중 짝을 이루었던 몇몇 학생들은 연인 관계로 발전했으며, 결혼까지 한 커플도 나왔다.

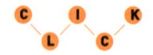

취약성 노출과 친밀감에 대한 다양한 연구들

개인적 감정의 노출 강도를 서서히 높여가면서 친밀감을 형성하는 것은 바로 그렉의 전략이기도 하다. 사건 현장에서 그렉이 했던 일 역시 인질범과의 대화를 사무적인 단계에서 관계지향적인 단계로 조금씩 발전시켜 나가는 것이었다. 그렉은 그 과정에서 절대 서두르지 않았다. 인질범이 먼저 자신의 처지를 이해해달라고 말을 꺼낼 때까지 기다렸다. 그리고 인질범이 다가오던 바로 그 순간을 놓치지 않았다.

"일단 대화의 물꼬가 트이면 저는 그동안 살아오면서 겪었던 다양한 어려움에 대해 이야기를 합니다."

그렉은 대부분 가족과 같이 가까운 사람들을 떠나보냈던 기억들을 꺼낸다. 함께 공감할 수 있는 가슴 아픈 이야기를 통해 그렉은 인질범과 자신 사이에 다리를 놓는다.

자신이 먼저 약점을 드러내면, 상대방도 비슷한 반응을 보인다. 이 과정에서 신속한 친밀감이 형성된다. 관계를 발전시키고자 하는 의도는 상대방에게 그대로 전달된다. 물론 그 과정에서 상대방이 부담을 느끼고 물러설 수도 있다. 취약성을 드러낼 때 이러한 위험은 항상 존재한다. 그럼에도 불구하고 먼저 다가선다면 신속한 친밀감의 가능성은 확실히 높아진다.

수잔 싱어 헨드릭(Susan Singer Hendrick)이라고 하는 학자는 부부들을 대상으로 한 실험에서 취약성을 드러내려는 시도가 결혼 생활에도 큰 영향을 준다는 사실을 밝혔다.[8] 헨드릭은 실험으로부터 얻은 다양한 데이터를 분석함으로써 '자신을 솔직하게 드러내려는 노력(self-disclosing)'이 결혼 생활의 만족감에서 큰 부분을 차지한다고 말하고 있다.

캐나다 심리학자인 샌드라 바이어스(E. Sandra Byers)와 스테파니 데먼스(Stephanie Demmons)는 성적인 차원에서 자기개방이 어떠한 역할을 하는지에 대해 연구를 했다. 그들은 연애중인 커플을 대상으로 성적 판타지나 욕망에 대해 파트너와 얼마나 많이 이야기를 나누고 있는지에 대해 설문조사를 실시했다. 그 결과, 파트너에 대해 성적으로 개방적인 태도가 성적인 만족감은 물론 관계에 대한 전반적인 만족감에도 긍정적인 영향을 미치는 것으로 나타났다. 하지만 성적으로 보수적이라고 해서 실망할 필요는 없다. 다른 일상적인 부분에서 개방적인 태도를 보이는 것 역시 성적인 개방성과 거의 동일한 수준으로 관계의 전반적인 만족감을 높여주는 것으로 나타났기 때문이다.

러트거스 대학에서 커뮤니케이션을 주제로 강의를 하는 제니퍼 깁스(Jennifer Gibbs) 교수와 미시간 주립대학 및 조지타운 대학 출신의 연구원들로 구성된 연구팀은 매치닷컴(Match.com: 세계적인 온라인 미팅 전문 사이트)에 가입한 회원들 중 자기 공개에 보다 적극적이었던 회원들이 그렇지 않은 회원들에 비해 이성과의 만남을 보

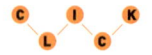

다 성공적으로 이끌어가고 있다고 밝힌 바 있다.

먼저 약점을 드러내면 이에 맞춰 상대방도 비슷한 반응을 보이고, 이를 통해 관계를 발전시켜나갈 수 있다는 주장에 대해 일부 학자들은 컴퓨터를 사용하여 확인해보고자 했다.

하버드 MBA의 문영미 교수는 이를 확인하기 위해 학생들과 대화를 나눌 수 있는 컴퓨터 프로그램을 개발했다.[9] 이 프로그램을 통해 문 교수는 학생들에게 개인적인 질문들을 던졌다. 하지만 학생들 대부분이 대답을 거짓으로 하거나, 회피했다. 예를 들어 '지금까지 살아오는 동안 죄책감을 가장 크게 느꼈던 적은 언제입니까?'와 같은 질문에 학생들은 '그런 경험이 없습니다.'라고 말하거나 또는 '잘 모르겠습니다.', '밝히기 곤란합니다.'라며 대답을 피했다. 어찌 보면 이러한 반응들은 당연하다. 지금 여러분이 실험실에 갇혀 컴퓨터 화면을 들여다보면서 이런 질문에 대답을 해야 한다고 상상을 해보자. 학생들의 마음이 충분히 이해가 가지 않는가?

그래서 문 교수는 학생들이 좀 더 개방적인 태도로 대답을 하도록 프로그램을 수정했다. 이번에는 그냥 단도직입적으로 질문을 던지는 것이 아니라, 컴퓨터가 먼저 자신을 개방하도록 했다. 예를 들어 질문을 던지기 전에 화면에 이런 문구가 뜬다.

"예상치 못한 프로그램 오류로 불편을 드릴 수 있으니 양해해 주시길 바랍니다."

물론 이 프로그램에 참여한 하버드 학생들은 컴퓨터에는 감정이 없다는 사실을 당연히 잘 알고 있다. 게다가 문 교수는 학생들이 혹시나 다른 사람과 대화를 하고 있다고 착각하지 않도록, 프로그램 상에서 한번도 '나(I)'라는 말을 쓰지 않았다. 대신 컴퓨터가 자신을 지칭해야 할 경우, '이 컴퓨터(this computer)'라는 표현을 썼다.

결과는 놀라웠다. 컴퓨터가 먼저 자신의 문제점을 공개하자, 학생들 역시 더 솔직하게 질문에 대답했다. 예를 들어 죄책감에 대한 질문의 경우, 첫번째 프로그램에서는 대부분의 학생들이 거짓말을 하거나 질문을 회피했던 반면, 두번째 프로그램에서는 많은 학생들이 솔직한 반응을 보였다.

한 학생은 이렇게 대답했다.

"학업 때문에 가족들을 고향에 두고 여기로 올라왔을 때, 많은 죄책감을 느꼈습니다. 우리 가족들 중 저 혼자만 좋은 혜택을 누리고 있다는 생각에 다른 식구들에게 항상 미안한 마음이 들어요. 부모님을 모시지 않고 공부만 하고 있다는 게 죄송해요. 그 전만 해도 저는 항상 가족이 제일 중요하다고 믿어왔거든요. 사실 제 욕심을 위해 혼자서 공부하고 있는 지금의 모습이 때로는 낯설게 느껴지기도 해요."

이보다 더 솔직한 답변들도 있었다.

"음… 저의 경우는 자위행위가 그래요. 종교적인 이유에서죠.

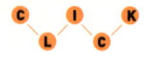

그리고 어머니에게 항상 무뚝뚝하게 대했던 것도 마음에 걸리네요."

두번째 프로그램에서 학생들의 대답은 첫번째보다 확연하게 더 솔직하고 친밀해보였다. 프로그램을 마치고 나서 문 교수는 학생들에게 컴퓨터에 대해 어떤 느낌을 받았는지에 대해 물어보았고, 학생들은 친절하고 상냥했다고 답했다.

먼저 솔직하고 친밀한 태도로 다가오는 사람에게 우리 또한 솔직하고 친밀하게 대하려는 자세는 지극히 본능적인 성향이다. 학생들은 심지어 컴퓨터에게까지 그렇게 다가갔다. 그렉은 이렇게 이야기한다.

"인질범에게 다가가면서 저는 내면의 모습을 그대로 보여주고자 합니다. 제가 얼마나 잘났고 대단한 인물인지에 대해 이야기할 필요는 없는 거죠. 대신 제가 인간적인 관심을 가지고 있다는 느낌을 전달하고자 합니다. 그래서 인질범의 마음속 어딘가에 있을 믿음의 싹을 틔워보려는 거죠. 급박한 순간에 한 마디의 말이 얼마나 큰 힘을 발휘하는지 여러분은 아마 짐작하기 힘들 것입니다."

물론 취약점을 드러내는 시도는 진지한 태도로 다가갈 때에만 그 효과를 기대할 수 있다. 상대방에게서 진정성을 느낄 수 있을 때, 사람들은 반응을 보인다. 상대방이 노련한 인질범 네고시에이터이든, 하버드 연구실 내 컴퓨터 프로그램이든 그 효과는 마찬가지다.

불우한 어린 시절을 공개하며 유권자들에게 다가간 클린턴

미 대선을 5개월 앞둔 1992년 6월, 빌 클린턴은 후보자 중 3위를 달리고 있었다. 1위는 재임에 도전했던 아버지 부시 대통령이었고, 2위는 무소속의 로스 페로(Ross Perot)였다.[10] 여기에 12년간 클린턴과 관계를 맺어 왔다는 제니퍼 플라워스(Gennifer Flowers)와의 스캔들, 그리고 병역기피 파문까지 불거지면서 클린턴의 당선 전망은 한층 더 어두워보였다. 설상가상으로 1992년 6월 3일 팀 러서트(Tim Russert) 기자는 클린턴에 혹평을 퍼부었다.

"클린턴은 골치덩어리입니다. 미국인들 모두 그에게서 이미 등을 돌렸습니다. 이번 대선에서 그는 들러리에 불과합니다."

러서트의 기사는 클린턴 캠프에 치명타를 가했다. 당시 클린턴과 함께 일을 했던 조지 스테파노풀로스(George Stephanopoulos)는 그 때를 이렇게 회상한다.

"유권자들의 지지를 얻지 못하고 있다는 사실을 내부적으로도 인정하는 분위기였습니다."

클린턴 캠프가 최후의 수단으로 선택한 것은 다름 아닌 토크쇼였다. 클린턴은 TV 토크쇼에 출현하여 홀어머니와 알콜중독 계부 밑에서 보냈던 불우한 어린 시절에 대해 털어 놓았다. 대중들에게 공개적으로 자신의 취약점을 드러내기로 한 것이다.

토크쇼를 통해 역전을 시도하고자 했던, 이른바 '맨해튼 프로젝

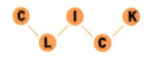

트'는 결국 대선에 엄청난 위력을 발휘했다. 물론 맨해튼 전략이 어디까지 진실이었는지는 아직까지 논란의 대상으로 남아 있다. 여기서는 다만 어느 정도는 진실이었고, 어느 정도는 전술적인 것이었다고 여기고 넘어가도록 하자. 어쨌든 간에 우리가 클린턴의 성공에서 주목해야 할 점은, 다른 후보자들과는 완전히 차별화된 접근 방식으로 유권자들에게 다가감으로써 선거에서 승리를 할 수 있었다는 사실이다.

당시만 하더라도 대통령 후보자가 토크쇼에 출연해서 자신의 약점을 드러내는 것은 상상도 할 수 없는 일이었다. 미국 대통령 후보는 언제나 자신감과 카리스마가 넘치는 모습만을 보여주어야 했다. 하지만 클린턴은 거꾸로 자신의 약점을 그대로 드러냈다. 이러한 클린턴 캠프의 시도에 대해 부시 진영은 '이상하고', '엉뚱한' 전략이라고 폄하했다. 하지만 클린턴 캠프는 끝까지 이 전략을 고수했다. 한번은 MTV 스페셜 프로그램에 출연해 '알콜중독인 아버지, 그리고 약물중독인 형과 한 집에서 사는 경험'이 어떠한 것인지에 대해 솔직하게 털어놓기도 했다. 그는 노골적인 질문에 당황하거나 물러서는 기색 없이 당당하게 사실을 밝혔다. 또한 어려운 현실에 물러서지 않고, 이를 극복해 나가는 과정에서 용기와 지혜를 얻을 수 있었다는 사실에 대해 자랑스럽게 이야기를 했다. 이후 클린턴은 '투데이쇼'와 '래리킹라이브'는 물론 '굿모닝아메리카'와 'CBS 디스모닝'과도 인터뷰를 가졌다.

1992년 6월 초에 실시한 여론 조사에서 클린턴의 지지율은 33퍼센트 수준이었다. 하지만 토크쇼에 한창 출연하던 6월 말 무렵, 그의 지지율은 77퍼센트로 껑충 뛰어 올랐다. 당시 부시 진영에서 대변인을 맡고 있었던 멀린 피츠워터(Marlin Fitzwater)는 래리킹쇼에 출연해 이렇게 고백했다.

"토크쇼의 위력이 현실로 드러나기 전부터, 이번 선거가 어려울 것이라는 직감이 들었죠."

단지 토크쇼에 출현했기 때문에 판세가 갑자기 뒤바뀐 것은 아니었다. 클린턴이 승리를 거둘 수 있었던 것은 약점을 대중들 앞에 용기 있게 드러내면서 먼저 다가갔기 때문이었다. 토크쇼를 통해 사무적인 단계에서 관계지향적인 단계로 자기공개 수위를 조금씩 높여감으로써 클린턴은 미국 유권자들의 마음을 사로잡을 수 있었다.

이처럼 자신의 약점을 드러내려는 시도는 관계형성에서 큰 영향력을 발휘한다. 하지만 자신을 드러낼 수 있는 기회가 찾아와도 우리들 대부분은 한 걸음 물러선다. 그것은 두 가지 걱정 때문이다. 첫째, 약점을 드러냄으로써 자신이 불리한 상황에 처할 수 있다. 둘째, 상대방에게 지나친 부담을 줄 수 있다. 자기공개에는 언제나 이러한 위험이 따라다닌다. 그럼에도 불구하고 자기공개는 대부분 신속한 친밀감으로 이어진다. 자기공개의 강력한 효과를 제대로

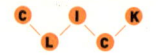

실감하지 못한 사람들은 그 힘을 과소평가하는 경향이 있다. 그런 사람들은 꼭 필요한 경우가 아니면 자신의 원래 모습을 잘 드러내지 않는다. 하지만 적절하게만 활용한다면, 자기공개는 친밀감을 형성할 수 있는 가장 강력한 무기가 될 수 있다. 그 과정에서 상대방을 신뢰하고, 깊이 이해하고, 의미 있는 관계로 발전해 나가고자 하는 진지한 의도를 전달해야 한다.

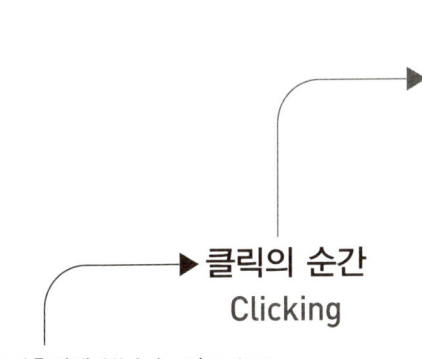

4
두번째
클릭촉진제
- 근접성

같은 방을 쓰고
함께 벤치를 지키고
우승도 함께 거머쥔
농구팀원들

내가 아는 할머니는 길거리에
서 누군가를 발견하면 항상 히브리어로 "저 양반 절대 성공 못할
거야."라고 악담을 하신다. 스포츠에도 일가견이 있는 그 할머니는
플로리다대학 농구팀 경기를 볼 때도 항상 그런 말씀을 하신다. 실
제로 할머니의 예언은 그동안 잘 들어맞았다. 하지만 언제부턴가
상황이 달라졌다.

　플로리다대학 농구팀인 '게이터스(Gators)'는 NCAA 토너먼트(미
국 전역에서 올라온 64개 대학이 참여하여 우승을 겨루는 경기로 매년 3월 열
린다.) 참가 자격을 따내기 위해 매 시즌마다 최선을 다해왔다. 하지
만 대학의 강력한 지원, 그리고 선수와 코칭스태프들의 열정에도
불구하고, 게이터스는 50년 가까이 토너먼트에 올라가지 못했다.

　그러던 1987년, 게이터스는 역사상 처음으로 NCAA 토너먼트
진출에 성공했다. 하지만 인상적인 경기를 펼쳤음에도 불구하고,
16강의 문턱에서 좌절을 맛보고 말았다. 이후로 1995년까지 게이
터스의 NCAA 토너먼트 성적은 별볼일 없었다.

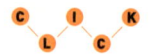

연도	NCAA 토너먼트 성적
1987	토너먼트 16강 탈락
1988	2차전 탈락
1989	1차전 탈락
1990	토너먼트 진입 실패
1991	토너먼트 진입 실패
1992	토너먼트 진입 실패
1993	토너먼트 진입 실패
1994	4강 탈락
1995	1차전 탈락

　게이터스의 성적을 끌어올리기 위해 플로리다대학은 오랫동안 많은 투자를 했다. 1996년에는 NBA 경험이 있는 빌리 도노번(Billy Donovan)을 감독으로 임명했다. 그리고 2000년 게이터스는 마침내 역사상 처음으로 토너먼트 결승전에 올라 사람들을 깜짝 놀라게 했다.

　그러나 그 이후, 많은 노력에도 불구하고 게이터스는 그 이상의 성적을 보여주지 못했다.

　그리고 2006 시즌이 시작되자 상황은 더 힘들어졌다. 그 시즌은 도노번 감독이 부임한지 딱 10년이 되는 해이기도 했다. 그러나 공교롭게도 그동안 팀의 주축을 맡았던 선수들 대부분이 졸업을 하거나, 프로로 전향을 했다. 그러다 보니 어리고 경험이 부족한 선수들이 선발 라인업으로 포진되었다. 플로리다대학과 게이터스의

연도	NCAA 토너먼트 성적
1996	토너먼트 진입 실패
1997	토너먼트 진입 실패
1998	토너먼트 진입 실패
1999	16강 탈락
2000	준우승
2001	2차전 탈락
2002	1차전 탈락
2003	2차전 탈락
2004	1차전 탈락
2005	2차전 탈락

팬들은 그나마 품고 있었던 기대도 접어야만 했다.

도노번과 코칭 스태프 역시 2006 시즌은 팀을 재정비하는 기간으로 삼았다. 당장의 성적에 연연하기보다, 어린 선수들에게 많은 기회를 주어서 앞으로 더 좋은 성적을 올릴 수 있도록 다듬어야 한다고 결정을 내렸다. 하지만 뚜껑을 열어보니 상상 밖의 일들이 벌어지고 있었다. 그리고 그 사건은 게이터스 기숙사에서부터 시작되었다.

'우린 오포스예요!'

당시 게이터스의 2학년생인 코리 브루어(Corey Brewer), 타우린 그린(Taurean Green), 알 호포드(Al Horford), 조아킴 노아(Joakim

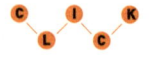

Noah) 네 사람은 모두 스프링 레지덴셜 콤플렉스(Springs Residential Complex)에서 함께 기숙사 생활을 하고 있었다.[1] 그들이 생활하는 공간은 방 두 개와 화장실 하나로 이루어져 있었다. 넷 중에서 그린과 호포드는 NBA 선수 출신인 아버지를 두고 있다. 포인트가드인 그린은 183cm의 키에 에너지가 넘치고 말이 많은 스타일이다. 센터를 맡고 있는 호포드는 208cm의 신장에 규칙을 잘 지키는 차분한 성격이다. 그리고 포워드를 맡고 있는 조아킴 노아는 211cm의 뉴요커로서 넷 중에서 가장 똑똑하다. 프랑스어도 할 줄 알고 정치에도 관심이 많다. 역시 포워드를 맡고 있는 코리 브루어는 테네시 지역 출신으로서 206cm의 키에 온화하고 과묵한 성격이다.

이후 뉴욕타임스 기사를 통해 브루어가 밝혔던 것처럼, 네 사람은 처음 만나는 순간부터 서로 통하는 느낌을 받았다. 이들 넷은 04학번의 숫자를 따서 스스로를 '오포스(0-4s)'라고 이름 붙였다.

네 사람은 1학년 시절 경기에서 그리 자주 뛰지 못했다. 일 년 간은 주로 벤치 신세였다. 하지만 고참들이 한꺼번에 팀을 떠나면서 상황이 달라졌다. 마침내 네 사람이 함께 코트를 누빌 차례가 온 것이다.

2006 시즌의 첫번째 게임인 세인트피터스와의 경기부터 오포스의 활약은 눈부셨다. 활발하게 서로 사인을 주고받으면서, 오포스는 서로의 장점을 최대한 살리는 인상적인 플레이를 선보였다. 오포스의 활약으로 게이터스는 첫 경기를 80 대 51이라는 큰 점수

차이로 이겼다.

그 다음날 두번째 상대로 맞붙은 알바니대학과의 경기 역시 83-64의 압승이었다. 두 경기 모두 대단한 성과였다. 하지만 그 때만 해도 게이터스를 눈여겨보는 사람은 그리 많지 않았다.

다음 두 시합은 강팀과의 경기였다. 사람들은 대부분 게이터스의 패배를 예상하고 있었다. 하지만 게이터스는 전국 18위인 웨이크 포레스트를 만나 77 대 72의 짜릿한 역전승을 거두었고, 그 다음날 16위의 시라쿠스마저 75 대 70으로 꺾었다. 게이터스의 역사적 연승가도는 이렇게 시작되었다. 오포스의 활약에 힘을 얻은 게이터스는 이후 자그마치 17연승이라는 대기록을 달성했다. 기자회견장에서 도노번 감독은 이렇게 이야기했다.

"네 명의 선수들이 기적을 만들어내고 있습니다. 아직도 믿어지지 않아요."

게이터스의 기적은 정규 리그가 끝나갈 무렵까지 그대로 이어졌다. 그들은 사우스이스턴 컨퍼런스(Southeastern Conference) 1위로 NCAA 토너먼트의 진출권을 가볍게 따냈다. 오포스의 실력은 NCAA 토너먼트에서도 그대로 드러났다. 그리고 마침내 결승전에 진출했고, 11번이나 우승컵을 거머쥐었던(역대 최다 우승) UCLA와 맞붙게 되었다. 농구팬들 대부분 UCLA의 우승을 점쳤다. 하지만 오포스는 역시 오포스였다. 결국 결승전에서 73 대 57로 압승을 거두면서, 게이터스 사상 최초로 챔피언십을 차지했다.

게이터스의 우승은 한편의 드라마였다. 그리고 오포스는 그 드라마의 주인공이었다. 우승 이후 NBA 팀들의 러브콜이 이어졌다. 아직 2학년인데도 네 사람에겐 스카웃 제의가 계속해서 쏟아졌다. NBA 팀들의 제안을 거절한다는 것은 말처럼 쉬운 일이 아니다. '예스'라고 한 마디만 하면 엄청난 돈이 굴러 들어온다. 이러한 상황에서 대학에 일 년 더 남아있는 것은 어마어마한 낭비다. 게다가 그 동안 부상을 당하거나 슬럼프를 겪을 위험도 얼마든지 있었다. 결정이 그리 쉬운 상황이 아니었다.

하지만 네 사람은 오랫동안 함께 의논을 했고, 모두 함께 코트에서 뛸 수 있기를 원한다는 것을 알았다. 그리고 결국 네 사람 모두 게이터스에서 일 년간 더 선수로 활약하는 것에 동의했다.

오포스의 활약은 다음 시즌에도 그대로 이어졌다. 수십 년 동안 부진을 면치 못했던 게이터스는 NCAA 토너먼트에 2년 연속으로 결승전에 진출하는 쾌거를 거두었다. 이번 결승 상대는 오하이오 주립대학이었다. 게이터스는 전반전을 9점 차로 리드를 하면서 마쳤고, 이 차이는 후반전에도 그대로 유지되었다. 그리고 결국 84-75로 다시 한 번 우승을 차지했다. 2년 연속으로 NCAA 챔피언십을 거머쥐는 놀라운 쾌거를 이룩한 것이다.

이번에도 시즌이 끝나자마자 NBA 러브콜이 시작되었다. 이번에는 오포스도 각자의 길을 가기로 결정을 내렸다. 노아는 시카고 불스에 입단했고, 호포드는 애틀랜타 호크스로 갔다. 코리 브루어는

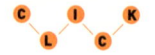

미네소타 팀버울브즈, 그리고 타우린 그린은 포틀랜드 트레일블레이저스로 갔다.

오포스가 떠난 뒤 게이터스는 어떻게 되었을까? 모두의 예상대로 게이터스는 이전으로 돌아갔다. 2008, 2009년 내내 토너먼트 진출에 실패했다. 하지만 어려움을 겪은 것은 게이터스 뿐만이 아니었다. 오포스들 역시 게이터스에서 뛸 때만큼 실력을 발휘하지 못했다. 조아킴 노아는 시카고 불스에서 코칭 스태프와 불화를 빚었고, 코리 브루어는 미네소타에서 그다지 두각을 드러내지 못했다. 애틀랜타로 간 호포드는 비교적 선전을 했지만, 게이터스에 있을 때만큼은 아니었다. 그린 역시 여기저기를 옮겨 다니다가, 결국 유럽 리그로 이적을 하고 말았다.

오포스의 힘은 어느 개인의 능력이 아니라 네 사람이 함께 있었을 때 나왔다. 그랬기 때문에 게이터스를 떠나 각자의 길을 떠났을 때, 그때만큼의 실력이 나오질 않았다. 네 사람은 개인 슈퍼스타가 아니라, 하나의 팀으로 움직였기 때문에 좋은 성과를 낼 수 있었다. 그리고 끈끈한 우정으로 똘똘 뭉친 네 명의 룸메이트였기 때문에 NCAA 2회 연속 우승이라는 기적을 일구어낼 수 있었다.

오포스 네 명 역시 서로 클릭의 순간을 경험했다. 네 사람의 관계 속에서 우리는 두번째 클릭촉진제인 '근접성(proximity)'을 발견할 수 있다. 여기서 잠깐 메릴랜드의 경찰학교 이야기로 넘어가보자.

톰슨은 테일러와 친하고
애덤스는 애론슨과 가깝게 지낸다

경찰학교를 갓 졸업한 45명의 생도들은 어느 날 이스턴미시건대학(Eastern Michigan University)의 젊은 사회학 교수인 메디 웨슬러 시걸(Mady Wechsler Segal)로부터 편지 한 통씩을 받았다.[2] 당시 시걸 교수는 사람을 끌어당기는 매력에 관한 연구를 하고 있었다. 그녀의 연구 주제는 인맥 형성 과정에서 나타나는 중요한 요소를 파악하는 것이었다. 이를 위해 경찰생도들을 대상으로 설문조사를 실시하기로 했다. 설문조사에서 시걸 교수는 수업을 듣는 동안 누구와 가깝게 지냈는지, 그리고 그 이유는 무엇인지에 대해 물어보았다.

그리고 이렇게 수집된 자료들을 분석했다. 결과는 의외였다. 종교, 나이, 결혼 유무, 사회적 배경, 취미, 모임 참여 등 우리가 일반적으로 중요하다고 생각하는 기본적인 요소는 생도들이 서로 관계를 형성하는 과정에서 그다지 큰 역할을 하지 않았다. 가령 미식축구에 열광하는 미혼 남성이 열심히 교회를 다니는 기혼 남성과 가깝게 지내는 데에는 아무런 문제가 없었다.

시걸은 이러한 기본적인 요소 이외에 다른 한 가지 요소가 관계형성에 큰 영향을 미쳤다는 사실을 깨닫게 되었다. 그 한 가지란 바로 경찰생도들의 '성(family name)'이었다. 놀랍게도 시걸은 생도들의 이름만 가지고서도 어느 정도 사이가 가까운지 맞출 수 있었다.

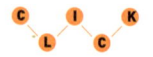

성이 같은 알파벳으로 시작하면 가까운 관계일 확률이 높았다. 예를 들어 톰슨(Thomson)은 테일러(Taylor)와 친하고, 애덤스(Adams)는 애론슨(Aronson)과 가깝게 지낸다. 이유는 의외로 간단했다. 경찰학교 강의실에서 생도들의 자리가 이름의 알파벳 순서로 정해졌기 때문이다. 톰슨은 테일러와는 가까이에, 그리고 애덤스와는 멀리 떨어져 앉게 되어 있었다.

가장 가까운 사람들의 이름을 적는 항목에서 생도의 90퍼센트가 바로 옆자리에 앉았던 사람을 적었다. 두세 칸 이상 떨어진 사람을 꼽은 생도는 그리 많지 않았다. 옆자리에 앉았다고 해서 항상 깊은 대화를 나누는 것은 아니지만, 최소한 일상적인 대화만큼은 다른 사람들보다 나눌 기회가 훨씬 높다. 설문 결과를 분석하는 동안 시걸 교수는 이러한 경향을 분명하게 확인할 수 있었다.

생도들이 가장 친밀한 사람으로 지목한 사람은 열에 아홉 바로 옆자리에 앉았던 사람이었다. 즉, 성격이나 취미가 비슷해서가 아니라, 단지 가장 가까이 앉았다는 이유만으로 가장 친밀해진 것이다. 그렇다면 '근접성'이야말로 친밀한 관계 형성에 가장 중요한 요소라는 결론을 내릴 수 있다.

하지만 잠시 한발 물러서서 생각해보자. 고향이 같은 사람끼리 가까워지는 일은 충분히 이해가 간다. 같은 동네에 사는 사람들끼리 친하게 지내는 일 또한 별로 이상한 일이 아니다. 하지만 강의실이라고 하는 같은 공간 속에서 불과 몇 미터의 차이로 친밀감이 형성되거나, 혹은 되지 않는다는 것은 언뜻 납득이 가지 않는다. 일반적으로 사람들은 강의나 회의에 참석할 때, 어디 앉을지에 대해 그다지 많이 고민을 하지 않기 때문이다. 하지만 시걸 교수의 연구에 따르면, 앉는 자리가 인간관계를 결정한다. 조금이라도 더 가까운 곳에 앉을수록, 그 사람과 가까워질 수 있는 가능성은 기하급수적으로 높아진다. 우리는 이러한 현상을 가리켜 '기하급수적 매력 증가(exponential attraction)의 법칙'이라고 부른다.

그래서 우리는 '근접성'을 두번째 클릭촉진제로 정의했다. 두 사람 사이의 거리는 관계형성에서 매우 중요한 요소로 작용한다. 이를 확인하기 위해 이번에는 MIT의 기숙사를 찾아가보자.

기숙사의 기하급수적 매력 증가 현상

MIT의 기숙사는 제2차 세계대전 이후 급하게 짓는 바람에 시설이 별로 좋지 않다.[3] 세탁시설도 형편없고, 난방시설 역시 매사추세츠의 혹독한 겨울을 버티기에 역부족이다. 그리고 인근 공장지대로부터 날아 온 먼지가 건물 전체를 뒤덮고 있다. 게다가 복잡한 사슬처럼 얽혀 공장지대를 관통하는 도로를 달리는 자동차들의 매연도 상당하다. 그나마 공장지대와 기숙사 사이에 놓인 찰스강이 고마울 따름이다.

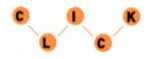

   심리학자 리언 페스팅어(Leon Festinger)는 MIT 기숙사 학생들을 대상으로 심층 인터뷰를 실시했다. 그리고 그 결과를 기반으로 학생들 간의 인적관계도를 작성해보았다. 기숙사처럼 한 건물 내에서 공동체를 이루며 살고 있는 사람들 속에서 인간관계의 패턴을 발견하기란 상당히 어려워 보인다. 하지만 페스팅어가 주축이 된 연구팀은 복잡한 관계 사슬 속에서 특정한 패턴을 발견해낼 수 있었다.

   우선, 건물 끝부분의 방을 사용하는 학생들일수록 인간관계는 단순한 형태를 띠고 있었다. 반면 건물 중심부에 사는 학생들일수록 비교적 복잡하고 다양한 친분 관계를 맺고 있었다. 그렇다고 중심부에 사는 학생들이 기숙사 전체 학생들에 비해, 성격, 외모, 태도에서 특별하게 다른 점이 있는 것은 아니었다. 그런데도 그들은 분명 끝부분에 위치한 학생들보다 훨씬 복잡한 관계를 구축하고 있었다. 그 이유는 무엇일까? 왜 중심구역에 사는 학생들이 주변에 사는 학생들보다 더욱 다양한 관계를 형성하고 있는 것일까?

   만약 학생들이 방을 선택할 수 있다면, 이는 당연한 현상이다. 내성적이고 비사교적인 학생들은 아마 조용한 주변부 방을 선택할 것이고, 사교적이고 활달한 학생들은 사람들의 왕래가 많은 중심부를 선택할 것이기 때문이다.

   하지만 MIT 기숙사 방 배정은 이런 식으로 이루어지지 않았다. MIT 기숙사 학생들은 자기 마음대로 방을 고르지 못한다. 앞서 살펴본 플로리다대학 농구팀의 기숙사처럼 MIT 기숙사 역시 무작위

추첨 방식으로 방을 배정한다.

그렇다면 다른 설명이 필요하다. 페스팅어의 연구는 메릴랜드 경찰학교의 경우와 대단히 비슷하다. 페스팅어가 설문조사를 통해 MIT 기숙사 학생들에게 누구와 가까이 지내냐고 물어보았을 때, 자그마치 40퍼센트의 학생들이 (5미터 거리에 살고 있는) 바로 옆방 사람을 지목했다. 방 배정이 무작위 방식으로 이루어졌다는 점을 감안할 때, 무려 40퍼센트나 되는 학생들이 우연하게도 마음이 잘 통하는 사람과 옆방을 쓰게 되었다고 설명하기에는 무리가 있다.

만약 페스팅어가 한 방 건너 살고 있는(10미터 거리에 살고 있는) 학생들과 가깝게 지내고 있는지 물어보았더라면, 그 결과는 어땠을까? 아마도 바로 옆 방에 비해 그 확률은 절반 이하이였을 것이다. 마찬가지로 두 방 건너 살고 있는 학생들은 반의 반 이하이였을 것이다.

그렇다면 여기서도 우리는 근접성이 관계형성에 큰 영향을 미쳤다고 결론을 내릴 수밖에 없다. 그렇기 때문에 이웃이 비교적 적은 주변부 학생들은 소외를 받는 반면, 중심부의 학생들은 다양한 관계를 맺게 된다. 주변부에 사는 학생들은 가까이 살고 있는 학생의 수가 상대적으로 적다. 그래서 친밀한 관계를 형성할 수 있는 가능성도 낮다. 소외된 지리 여건이 소외된 관계를 낳았다. 결론적으로 말해, MIT 기숙사 학생들의 인맥관계는 무작위적 방 배정 시스템과 '기하급수적 매력 증가의 법칙'에 의해 이미 어느 정도 결정이 나 있는 셈이다.

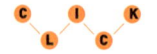

업무 협력은
근처에 있는 사람과 한다

정말로 근접성이 이처럼 강력한 힘을 지니고 있다면, 경찰학교나 기숙사 이외의 다른 공동체 속에서도 이와 같은 현상을 쉽게 발견할 수 있으리라 생각해볼 수 있다. 예를 들어 직장 속에서도 이런 모습을 찾아볼 수 있을 것이다. 오늘날 직장의 업무 환경은 IT 기술의 발달로 예전처럼 위치에 별로 구애를 받지 않는 것 같다. 전화, 이메일, 화상채팅과 같은 커뮤니케이션 기술 덕에 직장인들은 편한 장소에서 보다 자유롭게 업무를 처리할 수 있다. 화상회의나 재택근무는 더 이상 특별한 방식이 아니다. 그렇다면 이러한 업무 환경 속에서도 근접성이 힘을 발휘할 수 있을까?

벨통신연구소(Bell Communication Research)는 첨단 기술을 비교적 빨리 받아들이는 연구원 500명을 대상으로 설문조사를 실시했다.[4] 이 연구원들은 같은 조직에서 공동으로 프로젝트를 추진하면서 공동으로 연구 결과를 발표한다. 같은 사무실에서 일을 하는 것은 아니지만, 첨단 커뮤니케이션 인프라를 기반으로 멀리 떨어진 지역에서도 아무런 어려움 없이 함께 업무를 추진할 수 있다. 연구원들은 주로 이메일이나 전화, 혹은 전화회의를 통해 업무적인 의사소통을 주고받는다. 60킬로미터나 떨어져 일을 하면서도, 같은 사무실에 있는 것처럼 자유롭게 협력을 하고 있다.

하지만 벨통신연구소가 연구원들의 협력 실태를 분석했을 때, 특이한 패턴이 나타났다. 어떤 연구원의 자리에 방문했을 때, 그 주위에서 그와 함께 프로젝트를 진행한 다른 연구원을 만날 확률은 10.3퍼센트 수준이었다. 하지만 다른 자리로 조금 이동했을 때, 그 확률은 1.9퍼센트로 떨어졌다. 다른 층으로 이동했을 때에는 심지어 1퍼센트 미만이었다. 이 말은 어떤 연구원과 함께 프로젝트를 추진했던 연구원을 다른 층에서 발견할 확률은, 60킬로미터나 떨어진 사무실에서 발견할 확률과 별반 차이가 없다는 뜻이다. 경찰학교와 MIT 기숙사에서 발견했던 근접성의 법칙이 연구원들 사이에서도 그대로 나타나고 있었다. 그것도 아주 뚜렷했다. 인접한 자리에서 근무를 하고 있는 연구원과 협력할 확률은, 다른 층에서 근무하고 있는 연구원과 협력할 가능성보다 약 25배 높았다.

물론 연구원의 사례는 MIT 기숙사와는 조금 다르다. 사무실 자리 배정은 기숙사처럼 완전히 무작위적인 것은 아니기 때문이다. 같은 부서일 경우, 비교적 가까운 위치에 앉게 된다. 그리고 같은 부서이기 때문에 협력의 기회가 더 높은 것도 있다. 다시 말해, 근접한 위치 때문에 협력을 하는 것이 아니라, 협력이 필요하기 때문에 근접한 위치에 있는 것이라고 볼 수도 있다.

하지만 이점을 고려한다 해도, 여기서도 근접성의 법칙이 나타나고 있다고 분명하게 말할 수 있다. 부서가 같아도, 다른 층에서 일하는 직원보다 같은 층에 있는 사람들과 더 많이 협력하는 것으로 나타났기 때문이다. 그리고 부서가 다를 경우에도, 인접한 위치에

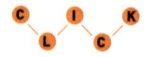

있는 직원들과 협력할 확률이 다른 층의 직원과 협력할 확률보다 여섯 배나 더 높았다.

상식적으로 생각해본다면, 연구원들은 업무 능력이나 연구 경험을 기준으로 파트너를 선정해야 한다. 보통 사람들보다 합리성을 더욱 중요시 하는 연구원들은 앉아 있는 위치가 아니라, 객관적인 능력을 기준으로 파트너를 선택하리라 추측되기 때문이다. 하지만 이들 사이에서도 근접성의 원칙은 똑같이 강력한 힘을 발휘하고 있었다.

심리학자들은 이처럼 다양한 환경에서 공통적으로 나타나고 있는 근접성 법칙을 '자연적 의사소통(spontaneous communication)'이라는 개념으로 설명을 한다. 자연적 의사소통이란 동일한 시간, 동일한 장소에 있기 때문에 저절로 이루어지는 대화를 말한다. 주차장에서 만난 옆집 사람과 인사를 주고받는 것이 여기에 해당한다. 또는 할인마트 카운터에서 줄을 서서 기다리면서 뒷사람과 날씨 이야기를 하는 것도 그렇다. 이러한 자연적 의사소통은 사소한 대화처럼 보이지만 장기적인 관계형성에 큰 영향을 미친다.

오늘날 기업은 이러한 자연적 의사소통을 억제하는 방향으로 운영되고 있다. 요즘 직장인들은 전화 대신에 이메일을 쓰고, 출장 대신에 화상회의를 압도적으로 많이 활용한다. 상사들은 대부분 여러 가지 커뮤니케이션 시스템을 통해 사람들과 직접 대면하는 시간을 줄이고, 본연의 업무에 더욱 집중할 것을 강조한다. 즉 오늘날 직장인들은 다른 사람들과 접촉하는 시간과 에너지를 최대한 줄이고, 대신 핵심 업무에 집중을 해야 하는 무미건조한 업무 환경에서 살아가고 있다.

하지만 자연적 의사소통 속에는 엄청난 잠재력이 숨어있다. 때문에 이러한 형태의 의사소통이 있어야만 업무 성과의 질과 양을 꾸준히 높여갈 수 있다.

장기적 관계에 미치는 자연적 의사소통의 힘

콜로라도대학의 줄리언 미리블(Julien Mirivel) 교수와 캐런 트레이시(Karen Tracy) 교수의 연구를 살펴보자.[5] 두 사람은 기업의 회의 시간에 주목했다. 그들은 어떤 기업의 한 회의실에 카메라를 설치해 놓고, 참석자들이 회의를 진행하는 전체 과정을 녹화했다.

회의가 끝나고 녹화 테이프를 돌려보면서 두 사람은 흥미로운 장면을 발견했다. 그것은 회의 자체가 아니라, 회의가 시작되기 전 직원들 사이에서 오갔던 사적인 대화들이었다. 그 부분을 잠깐 살펴보자.

조쉬 "잘 잤어요?"
조 "네, 가뿐해요."

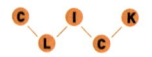

히더 "부인은 순산하셨어요?"

(조가 고개를 끄덕인다.)

"아들이에요, 딸이에요?"

조 "아들이랍니다."

지난 주말에 조의 아내는 아기를 낳았고, 히더가 이에 대해 질문을 하고 있다. 조는 계속해서 그날의 일에 대해 자세하게 설명한다. 그때 에이미와 칼이 회의실로 들어선다.

조 "출장을 갔다가 금요일 밤에서야 돌아왔거든요."
히더 "정말요?"
조 "아내는 금요일 밤에 아기를 낳았죠."
조쉬 "그러면 아내 혼자 차를 몰고 병원에 갔던 건가요?"
조 "원래는 제가 아내를 태우고 병원에 갈 생각이었는데, 출장 때문에 그러질 못했어요. 하지만 다행히 아내 친구의 도움을 받을 수 있었죠. 공항에서 내리자마자 휴대전화를 켰더니, 아내가 친구의 차를 타고 병원으로 가고 있다는 메시지를 남겼더군요. 그래서 최대한 속력을 내서 병원으로 차를 몰았죠. 거의 시속 150킬로미터로 달렸던 것 같아요. 아슬아슬하게 시간에 맞춰 도착했고, 그 다음부터는 모든 게 순조로웠어요. 그런데 어제 아내와 아기를 태우고 집으로 데리고 돌아오는 길에 그만 과속으로 걸리고 말았죠."

(사람들의 웃음소리)

조쉬 "'경찰 나리, 이제 막 아빠가 되었답니다. 한 번만 봐주세요?' 이랬겠군요?"

조 "네, 전 이렇게 말했어요. '죄송합니다. 모유 유축기를 빌려주는 곳을 찾느라 정신이 없었어요. 이제 막 아기가 태어났거든요.'"

(웃음소리)

칼 "이렇게 말해보지 그랬어요? '죄송하지만 모유 유축기 좀 빌려주실래요?'"

(웃음소리)

조 "경찰은 이렇게 대답하더군요. '이제 아빠가 되셨군요. 새로운 식구가 늘었으니 더 조심하셨어야죠.' 아내는 뒷자리에서 깔깔대며 웃고 있었구요."

이들의 대화는 업무와는 상관없는 사적인 의사소통이다. 조는 진통중인 아내에게 달려가기 위해 과속을 했지만, 다행히 단속에 걸리지는 않았다. 하지만 아내와 아기를 집으로 데리고 돌아오면서 어이없이 과속에 걸리고 말았다. 아주 사소하고 일상적인 이야기다. 하지만 이러한 이야기 속에서도 미리블과 트레이시 교수는 친밀감이 형성되는 순간을 포착해냈다.

대화의 시작은 상사인 조쉬의 질문으로 시작한다. 그는 조에게

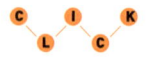

잠은 제대로 잤는지 물어본다. 지극히 사적인 질문이다. 하지만 스트레스가 높은 전화회의를 바로 앞두고 있다는 점에서 특별하다고 할 수 있다. 무거운 회의를 앞두고 이처럼 개인적인 이야기를 주고받기는 그리 쉬운 일이 아니다. 하지만 조가 주말 동안의 이야기를 자세하게 설명하는 동안 다른 직원들이 계속해서 회의실로 들어오면서 대화는 더욱 활기를 띠어간다. 그리고 회의실에 모인 모든 직원들이 조의 이야기 속으로 빠져든다. "경찰 나리, 이제 막 아빠가 되었답니다. 한 번만 봐주세요?", 그리고 "죄송하지만 모유 유축기 좀 빌려주실래요?"라고 말을 함으로써 조쉬와 칼은 스스로 조의 입장이 되어 이야기에 참여하고 있다. 그리고 이러한 시도를 통해 사람들은 이야기를 중심으로 하나로 뭉쳐진다. 미리블과 트레이시는 다음과 같이 설명한다.

"직원들 모두 조금씩 조의 이야기 속으로 들어가고 있어요. 그리고 그 이야기를 통해 자신의 생각과 느낌을 표현하고 있어요. 이 대화는 아주 순식간에 일어났습니다. 하지만 직장 내 인간관계는 바로 이러한 순간들 때문에 발전하는 것이지요."

메릴랜드 경찰학교의 사례를 다시 떠올려보자. 그들은 가장 가까운 사람으로 대부분 옆자리에 앉았던 사람들을 지목했다. 실제로 바로 옆자리에 앉아 있을 때, 날씨나 스포츠와 같은 사소한 이야기를 나눌 수 있는 기회가 더 많아진다. 그리고 이러한 기회들이 모여 더욱 깊은 관계로 발전해나가는 것이다. MIT 기숙사 경우도 마찬가지였다. 수업시간표나 중간고사에 관한 일상적인 이야기는 다른 사람들보다 바로 옆방에 사는 학생과 나눌 확률이 더 높다. 모든 사례에서 일상적인 대화들이 무의식적인 차원으로부터 장기적인 관계를 형성할 수 있는 기반을 마련하고 있다.

일상적인 대화 없이는 관계를 지속적으로 발전시켜 나갈 수 없다. 이런 점에서 일상적인 대화는 관계형성의 촉매제와 같은 것이다. 충분한 촉매제가 있어야만, 서로의 말과 행동을 오해하고 이로 인한 충돌의 가능성을 낮출 수 있다.

이런 촉매제가 없을 때 무슨 일이 벌어지는지 확인할 수 있다면, 일상적인 대화의 중요성을 보다 분명하게 파악할 수 있다.[6] 이를 위해 스탠포드대학 내 근로연구소(Center for Work)와 기술조직 연구소(Technology and Organization), 그리고 MIT 경영대학 소속의 교수들이 글로벌 기업들을 대상으로 업무적인 인간관계를 분석하는 연구를 함께 추진했다. 그들은 우선 3~21명으로 구성된 43개의 다양한 업무팀을 대상으로 인터뷰 작업을 시작했다. 이 중에는 모두 같은 건물에서 일을 하는 팀도 있었고, 여러 지역으로 흩어져 일을 하는 팀도 있었다. '기하급수적 매력 증가' 법칙에서 살펴보았듯이, 이 사례에서도 지리적으로 가까운 환경에서 업무를 하는 팀들이 그렇지 않은 팀들에 비해 보다 활발하게 협력하고 있는 것으로 나타났다. 그리고 서로에게 더 많은 호감을 느끼고 있었다.

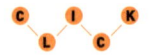

개인적 충돌은 훨씬 낮은 수준이었다. 팀원들과 인터뷰를 진행하면서 연구팀은 일상적인 의사소통이 여러 가지 의견 충돌을 크게 낮춘다고 결론을 내릴 수 있었다. 사소한 형태의 대화가 조직의 정체성과 협력적인 업무환경 조성에 우리가 생각하는 것보다 훨씬 큰 영향을 미친다. 즉 가까이 있을수록 더욱 친밀한 인간관계를 형성하고, 이는 협력을 활발하게 하고 충돌을 줄인다.

이러한 현상은 플로리다대학 게이터스의 오포스 멤버들에게서도 똑같이 드러났다. 고향을 떠나 대학에 입학하면서 네 사람은 같은 공간에 함께 살게 되었다. 서로의 생각과 취향들을 속속들이 이해할 수 있었다. 그들은 보다 자주 일상적인 대화를 나눌 수 있었고, 이는 자연스럽게 강한 우정으로 발전했다. 그리고 관중들로 가득한 경기장을 누비는 흥분도 함께 느낄 수 있었다. 네 사람의 우정은 그 누구도 따라오지 못할 강력한 팀워크로 나타났고 소속팀을 우승으로 이끌었다. 만약 이 네 사람이 각각 다른 방에 배정이 되었더라면, 그만큼의 성과는 올리지 못했을 것이다. 오포스의 기적은 네 명이 한 방에 살았기 때문에 가능했다.

언어로 표현되지 않아도 의사소통이 이루어진다

그렇다면 언어를 제외한 의사소통에 대해서도 생각을 해보자. 때로는 아무런 말 없이도 얼마든지 정보와 감정을 전달할 수 있다. 지하철에서 만난 이웃과 눈인사를 하거나, 우체국 직원에게 웃음을 지어보이는 것이 여기에 해당한다. 심리학자들은 이러한 형태의 의사소통을 '수동적 접촉(passive contact)'이라고 한다. 겉으로 잘 드러나지 않는 수동적 접촉 역시 사소한 대화만큼 인간관계 발전에 큰 영향을 미칠 수 있다.

피츠버그대학의 심리학자인 리처드 모어랜드(Richard Moreland)와 스캇 비치(Scott Beach) 교수는 한 학기 동안 대형 강의실에서 실험을 했다.[7] 두 교수는 우선 나이와 외모가 비슷한 여성 네 명을 뽑았다. 네 여성의 인상이 비슷하다는 것을 확인하기 위해, 무작위로 선택한 사람들에게 여성들의 사진을 보여주고 느낌을 물었다. 그 결과, 호감, 매력, 친근함의 항목에서 모두 비슷한 점수를 받았다.

다음으로 그 여성들에게 200명 가량의 학생이 듣고 있는 성격심리학 수업에 참석하도록 했다. 물론 학생들에게는 실험을 하고 있다는 사실을 전혀 알리지 않았다. 네 명의 여성들 중 첫번째 여성은 한 학기 동안 총 열다섯 번 참석하도록 하고, 두번째 여성은 열 번, 세번째는 다섯 번, 그리고 마지막 여성은 한 번도 참석하지 말도록 했다.

여성들은 수업 몇 분전 강의실에 입장해 교단 앞으로 천천히 걸어간 다음, 다른 학생들의 눈에 잘 띄는 자리를 골라 앉는다. 강의 시간 내내 그 여성들은 다른 학생들과 마찬가지로 수업에 집중을

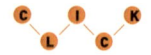

하고 필기를 한다. 그리고 강의가 끝나면 잠깐 기다렸다가 천천히 강의실을 빠져나간다. 다시 말해 여성들은 강의실 학생들과 수동적 접촉을 시도했다. 보다 확실하게 하기 위해, 다른 학생들과는 가급적 거리를 유지하고 언어적이든 혹은 비언어적이든 의사소통을 하지 못하도록 했다. 다른 학생이 그들에게 다가올 경우, 자연스럽게 돌아서서 외면하도록 했다.

학생들은 아마 수업중에 그 여성들을 보았을 것이다. 하지만 한 번도 말을 주고받지 않았기 때문에 의식적으로 인식하지는 못할 것이었다. 과연 200명의 학생들은 여성들에 대해 어느 정도 알고 있을까?

학기가 끝났을 때, 모어랜드와 비치는 학생들에게 여성들 네 명의 사진을 보여주고 반응을 조사했다. 90퍼센트는 아예 기억을 하지 못했고, 10퍼센트 정도의 학생들만이 여성들의 얼굴을 기억했다. 하지만 심리학 강의실에서 보았다고 정확하게 말하는 학생은 한 명도 없었다. 수동적 접촉이 제대로 이루어진 것이다.

다음으로 두 교수는 학생들에게 네 여성의 사진을 보여주고 얼마나 흥미롭고, 매력적이고, 착하고, 인기 있고, 겸손하고, 지적이고, 따스하고, 솔직하고, 유능하고, 진실한지에 대해 각각 평가를 해보도록 했다(앞서 네 명의 여성 모두 사람들에게 비슷한 수준의 느낌을 주고 있다는 사실을 다시 한 번 상기하자). 모어랜드와 비치는 여기서 놀라운 사실을 발견했다. 수업시간에 더 많이 참여한 여성들이 더 높은 점수를 받았다. 열다섯 번 참석했던 여성과 그리고 한 번도 참석하지 않았던 여성 사이의 점수 차이는 상당했다. 90퍼센트의 학생들이 제대로 기억하지도 못하는 상황에서 이러한 결과가 나왔다는 것은 어떠한 무의식적인 요인이 큰 영향을 미쳤다는 뜻이다.

이에 대해 두 사람은 이렇게 언급했다.

"노출 횟수가 학생들의 평가에 이처럼 큰 영향을 미칠 것이라고는 예측하지 못했습니다. 의식적으로 인식하지 못했음에도 불구하고 학생들은 특정 여성들에게 더 높은 점수를 주었습니다."

결론적으로 말해, 수동적 접촉이라도 무의식적인 차원에서는 호감도에 큰 영향을 미친다.

실험은 여기서 끝이 아니다. 두 교수는 학생들에게 이런 질문을 던졌다. '나중에 이 여성들을 만나 친해질 기회가 생긴다면, 친구로 발전할 가능성이 얼마나 된다고 생각하십니까?' 이 질문에 '예'라고 대답한 학생들의 비율은, 한 번도 참석하지 않은 여성이 41퍼센트, 다섯 번 수업에 참석한 여성이 43퍼센트로 나타났다. 그리고 열 번 참석한 여성은 57퍼센트, 그리고 열다섯 번 참석한 여성은 60퍼센트였다. 단지 조금 더 많이 마주쳤다는 사실만으로 학생들은 친구로 발전할 가능성을 더 높게 보고 있었다. 어떤 여성과 함께 시간을 보내고 싶은지에 대한 질문에도 학생들은 열다섯 번 참석한 여성을 가장 많이 꼽았다.

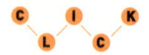

 사소하고 일상적인 의사소통은 장기적인 관계로 발전할 수 있는 가능성을 크게 높인다. 그리고 의식적인 대화뿐만이 아니라, 무의식적인 수동적 접촉 역시 비슷한 결과를 가져다준다. 가까이 살수록 더 많이 싸운다는 말은 여기서는 해당되지 않는다.
 업무적인 결정을 내릴 때에도 근접성은 큰 영향을 미친다. 전화 대신 얼굴을 보면서 대화를 나누고, 이메일 대신 출장을 가는 것이 더 좋은 결과를 이끌어낸다. 또한 업무적인 모임에 참석했을 때, 멀찍이서 목례를 나누는 것보다는 먼저 다가가 악수를 하고 말을 건네는 것이 더 큰 효과를 거둘 수 있다.
 클릭의 순간이 만들어지는 찰나에는 아주 다양한 요소들이 들어 있다. 지금까지 취약점을 드러냄으로써, 그리고 지리적으로 가까이 있음으로써 클릭의 가능성을 높일 수 있음을 알아보았다.
 다음 장에서 보다 자세히 살펴보겠지만, 이외에도 우리는 그 순간에 진정으로 존재함으로써, 그리고 주변을 둘러싸고 있는 환경과 관계를 맺음으로서도 클릭의 순간을 만들어낼 수 있다.

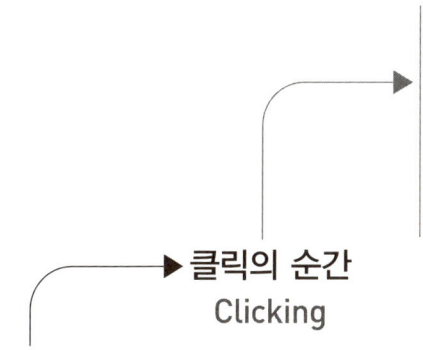

마법 같은 상태
Magical state

신속한 친밀감
Quick-set intimacy

상호간의 상승효과
Personal elevation

클릭의 순간
Clicking

클릭촉진제 Click Accelerators

취약성 Vulnerability

형식적 표현 Phatic
객관적 표현 Factual
주관적 표현 Evaluative
감정을 드러내는 표현 Gut-level
피크 표현 Peak

근접성 Proximity

기하급수적 매력 증가 Exponential Attraction
자연적 의사소통 Spontaneous communication
수동적 접촉 Passive contacts

5
세번째
클릭촉진제
– 공감대

무관심한 관객에게 몰입해서
자기소개를 시작한
코미디언

　마이크 웰치(Mike Welch)는 이제 막 무대로 올라설 참이다. 하지만 커튼 사이로 보이는 관객들의 심드렁한 표정이 걱정스럽다.

　웰치는 예전에 캘리포니아 로스 가토스 지역의 반스앤노블(Barnes & Noble) 서점에서 관리자로 일을 했다. 하지만 그의 꿈은 코미디언이 되는 것이었다. 새로 입고된 책 무더기를 바라보며 그는 이렇게 말했다.
　"학창시절엔 오락부장을 도맡아 했었죠. 코미디언이 되려는 꿈을 꾸기 시작한 것은 아마도 초등학생 시절부터였던 것 같아요."
　웰치는 결국 직장을 그만두고 그 꿈을 이루기 위해 샌프란시스코로 갔다. 연예계는 원래 힘든 곳이기는 하지만, 무명 코미디언에겐 특히 더 팍팍한 곳이다. 자주 무대에 서기는 하지만, 관중들은 뒤에 등장할 주인공을 기다린다. 바쁘게 뛰어다니지만 언제나 들러리에 불과하다. 이름 없는 코미디언이 해야 하는 일이란 고작해야

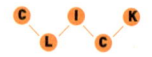

주인공이 나올 때까지 객석 분위기를 끌어올리는 것이다. 그리고 무대를 내려가는 순간, 모두의 기억 속에서 사라져버린다. 웰치는 이렇게 말한다.

"썰렁한 반응보다는 차라리 욕을 먹는 게 나아요."

아무도 집중을 하지 않는 것만큼 코미디언들에게 비참한 것은 없다. 가장 견디기 힘든 것은 관객들의 무관심이다.

"그럴 때면 아무 것도 할 수가 없어요. 몸에 기운이 쫙 빠져나가 버리죠. 마치 블랙홀로 빨려 들어가는 느낌이에요."

청중들의 관심을 끌기 위해 웰치는 끊임없이 새로운 흥밋거리를 연구했다.

"믿기 힘들겠지만 관중들의 마음을 사로잡는 비결을 깨닫기까지 6년이라는 세월이 걸렸어요. 그 비밀은 바로 청중들과 '관계'를 만드는 것이었습니다."

웰치는 그 비밀을 어떻게 깨달았을까? 어느 밤 공연 때였다. 모든 준비는 완벽했다. 그날 공연의 주인공은 라이처스 브라더스(Righteous Brothers)였고, 웰치는 오프닝 무대를 맡았다.

"지금까지 맡았던 공연 중 가장 큰 무대였어요. 어릴 때부터 라이처스 브라더스를 무척 좋아했고, 우리 누나 역시 광팬이었죠. 무대도 엄청나게 컸어요. 마치 빅스타가 된 듯한 느낌이었어요."

가난에 쪼들리면서도 지금까지 포기하지 않았던 노력이 마침내 보상받는 기분이었다. 물론 주인공은 아니었지만, 수많은 관객을 바라보며 뿌듯한 마음이 들었다.

웰치는 대기실에서 숨을 가다듬었다. 마음을 졸이며 대기실에 앉아 있을 때, 갑자기 노크 소리가 들려왔다. 사회자였다. 그는 웰치에게 어떻게 소개해주면 좋겠느냐고 물었다. 웰치는 이것저것 잡다한 것까지 모두 포함해 그의 경력을 상세하게 이야기했다. 하지만 사회자의 소개는 너무나 실망스러웠다.

"무대에서는 처음 몇 분이 제일 중요합니다. 그만큼 사회자의 소개가 중요한 거죠. 하지만 그날 사회자는 이랬어요. '신사숙녀 여러분, 대단히 감사합니다. 코미디언 한 사람을 소개합니다. 아 참, 그런데 이름을 까먹었군요. 어쨌든 이리로 나와 주시죠.'"

그 순간, 웰치는 그렇게 공연을 시작해서는 안 되겠다는 생각이 들었다. 어수선한 분위기를 바꾸고, 관객들의 시선을 끌어 모아야만 했다. 자기소개는 공연의 성패를 가늠할 가장 중요한 순간이었다. 무대를 슬쩍 넘겨다보니 수천 명의 사람들로 꽉 들어찬 객석이 눈에 들어왔다. 게다가 무려 세 대의 카메라가 무대를 노려보고 있었다.

화려한 무대에 오르기 전, 웰치는 속으로 외쳤다.

'그래, 죽더라도 무대 위에서 죽자!'

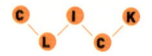

인더존(in the zone)

지금까지 우리는 특정한 한 사람과 관계를 형성하는 과정에 대해 살펴보았다. 하지만 여기서는 자신을 둘러싸고 있는 모든 사람과 동시에 친밀한 관계를 형성하는 과정에 대해 살펴볼 것이다. 주변의 분위기와 완전히 일체가 된 순간, '몰입(flow)'이라고 하기도 하는 특별한 순간에 대해 생각해보고자 한다.

사실 우리는 이러한 순간에 대해 잘 알고 있다. 그리고 다양한 방식으로 이러한 순간을 표현한다. 스포츠 선수들은 주로 '인더존(in the zone)'이라는 표현을 즐겨 쓴다. 운동선수들은 갑자기 경기가 술술 풀리는 날을 인더존의 상태에 있다고 표현한다. 인더존은 일상 속에서도 쉽게 찾아볼 수 있다. 예를 들어 업무에 몰입한다든지, 열정적으로 악기를 연주하면서도 느낄 수 있다. 친구와 커피를 마시며 이야기를 나눌 때 나타나기도 한다. 인더존의 상태에 있을 때, 우리는 시간이 가는 줄 모른다. 주변을 둘러싼 전체 분위기와 완벽하게 일체감을 느낀다. 우리는 자신을 둘러싼 모든 존재와 연결되는 것 같은 이러한 순간을 공감대(resonance)가 형성됐다고 말하기도 한다.

공감대를 구성하는
첫번째 요소, 몰입

'공감대'가 과연 어떤 느낌인지 설명하기 위해, 그 상태 속으로 들어가 있는 사람들의 머릿속을 들여다보자. 우리가 살펴볼 첫번째 인물은 전설의 카레이서인 마리오 안드레티(Mario Andretti)다. 그는 레이싱 경기를 이렇게 설명한다.

"순간, 자동차가 갑자기 말을 걸어오는 것 같죠."

다른 스포츠와 마찬가지로 레이싱에도 슬럼프가 있다.[1] 그럼에도 불구하고 꾸준히 좋은 기록을 유지하는 선수들이 있는데, 그 중의 한 사람이 바로 마리오 안드레티다.

안드레티는 1978년 이탈리아 몬자 그랑프리 대회 이야기를 하기 시작했다. 당시 그의 최고 라이벌은 떠오르는 신예 레이서인 질 빌너브(Gilles Villeneuve)였다. 안드레티는 공격적으로 앞서 나가는 빌너브의 뒤를 처음부터 추격했다.

"계속해서 빌너브의 꽁무니를 쫓았습니다. 하지만 서두르지는 않았어요. 빌너브가 방심하는 순간을 노리기로 했죠. 긴장을 늦추지 않고 바로 뒤를 달렸죠."

마지막 바퀴에 접어들 때까지 안드레티는 2등을 유지했다. 다소 위험한 전략이었다. 마지막 추월을 하지 못하면, 더 이상의 기회가 없기 때문이다.

"필사적으로 추월을 시도했죠. 그런데 좀처럼 기회가 보이지 않

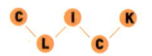

더군요. 그리고 마지막 코너로 다가가고 있었죠."

그때 안드레티는 이렇게 외쳤다. '지금이야!' 그리고 순식간에 빌너브를 따라 잡았다.

"오래전인데도 아직까지 눈앞에 생생해요."

안드레티의 운전 실력? 물론 최고다. 자동차 성능은? 역시 최고다. 하지만 레이싱을 이야기할 때, 안드레티는 운전 실력이나 자동차의 성능에 대해서는 별로 언급하지 않는다. 다만 한 단계 높은 톤으로 레이싱을 펼칠 때의 느낌과 흥분을 표정으로 그대로 드러낸다. 그의 얼굴에서 진정으로 살아 있는 기운을 느낄 수 있다.

심리학자 미하이 칙센트미하이(Mihaly Csikszentmihalyi)는 바로 이 '살아 있는 느낌'에 대해 집중적으로 연구를 한 학자다. 그는 특히 운동선수, 예술가, 외과의사들을 대상으로 관찰을 했고, 다양한 전문가들과의 인터뷰를 통해 최고의 능력을 발휘하는 순간의 느낌에 대해 밝혀내고자 했다. 그는 스포츠 선수들이 말하는 인더존의 순간을 '몰입(flow)'이라는 용어로 설명한다. 몰입은 공감대를 만들어내는 두 가지 요소 중 하나다.

칙센트미하이는 몰입의 상태를 창조하기 위한 환경적 요소를 정의했다.[2] 하지만 그가 말하는 몰입에는 다소 아이러니한 측면이 있다. 몰입은 노력한다고 해서 도달할 수 있는 상태가 아니다. 이 상태로 진입하기 위해서는 '기술'과 '도전과제'라고 하는 두 가지 요소가 모두 필요하다. 체스게임을 예로 들어보자. 체스를 즐기기 위해서는 체스를 두는 방법을 익히고 전략을 배워야 하며, 오랜 기간의 연습이 필요하다. 다음으로 필요한 것이 도전과제, 즉 자신의 수준에 맞는 상대방이다.

안드레티는 레이싱을 통해 몰입을 경험할 수 있었다. 그것은 첫째, 오랫동안 갈고 닦은 운전 실력과 경험이 있었고, 둘째, 세계적인 레이서들과 함께 경쟁을 할 수 있는 대회가 있었기 때문에 가능했다.

웰치의 이야기로 돌아가보자. 사회자가 어이없이 그를 소개하자, 무대 분위기는 엉망이 되어 버렸다. 하지만 빌너브가 방심하는 순간을 틈타 역전에 성공한 안드레티처럼, 웰치 역시 오랜 경험을 바탕으로 한 순간에 분위기를 바꾸었다. 그것은 첫째, 오랫동안 무대 경험을 쌓았고 둘째, 진행자가 망쳐놓은 무대 분위기를 재빨리 뒤집어 놓아야 한다는 도전과제가 있었기 때문이었다. 웰치는 이렇게 설명한다.

"그래서 저는 2,000명 관객들 앞에서 이렇게 외쳤습니다. '제 소개를 다시 해 올리겠습니다. 그래도 되겠죠?' 그리고는 다시 한 번 장황하게 제 경력을 늘어놓았습니다."

자기소개를 새로 하면서, 웰치는 몰입 상태를 경험할 수 있었다.

"놀라운 경험이었어요. 스타가 되었다는 느낌이 들었어요. 그 다음부터는 말이 저절로 풀려나오기 시작했죠."

안드레티가 빌너브를 제치고 일등으로 골인을 했듯이, 웰치도 무

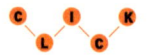

대를 열광의 도가니로 이끌어 나갔다.

  몰입은 이처럼 특수한 상황에서만 나타나는 것은 아니다. 일상생활 속에서도 우리는 얼마든지 몰입을 경험할 수 있다. 가령 집안일을 하거나, 새로운 요리에 도전하면서도 가능하다. 완전한 몰입 상태로 들어가기 위해서는 기술과 능력은 물론 적절한 도전과제가 있어야만 한다. 쉽지 않은 목표가 있을 때, 우리는 자신의 내부에서 최고의 능력을 끌어올릴 수 있다.

  웰치는 몰입을 경험했지만, 그것만으로는 충분하지 않았다. 몰입 상태에 들어간 웰치는 거침없는 말투와 입담으로 관객들을 웃겼다. 하지만 자신의 느낌을 고스란히 관중들에게 전달하기 위해서는 공감대를 형성하는 것이 필요하다. 웰치처럼 노련한 코미디언들은 하루 종일도 쉬지 않고 떠들 수 있다. 하지만 관객들에게 그 느낌을 그대로 전달할 수 없다면, 아무런 의미가 없다. 사회자가 어이없이 웰치를 소개했을 때, 수천 명의 관객들은 모두 멀뚱한 시선으로 무대를 바라보고 있었다. 그 순간, 웰치는 거대한 벽을 느꼈다. 그리고 이 벽을 허물기 위해 웰치가 주목한 것은, 공감대를 형성하는 두번째 요소인 '존재감(presence)'이었다.

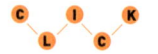

공감대를 구성하는 두번째 요소, 존재감

여기에 스펙트럼 하나가 있다. 그 스펙트럼의 왼쪽 끝에는 '고립된 존재'가 있다. 가령 만원 지하철을 타고 있을 때가 그렇다. 지하철 안에는 사람으로 가득 차 있지만, 그 중 누구와도 인간적인 관계를 맺고 있지 않다. 신경을 쓴다고 하더라도 몸을 부딪치지 않기 위한 것뿐이다. 그리고 스펙트럼의 오른쪽 끝에는 '소통하는 존재'가 있다. 소통하는 존재란 진지한 태도로 주변의 모든 존재에 가까이 다가가는 것을 말한다. 아이다호 보이시(Boise)에 위치한 세인트알폰서스 메디컬센터(Saint Alphonsus Regional Medical Center)에서 간호사로 근무하고 있는 질 앤더슨(Jill Anderson)은 중증 심장병 환자들을 대상으로 한 연구를 통해 소통하는 존재의 의미를 보여준다.[3] 심장병 환자를 위한 치료법이 많이 나와 있기는 하지만, 여전히 많은 사람이 아직도 심장 관련 질환으로 고통을 겪고 있다. 앤더슨은 장기적인 관점에서 심장병 환자들의 삶에 대해 생각을 해보았다. 그리고 인간관계의 힘을 치료에 적용해보기로 했다. 그녀가 맡고 있는 환자들 대부분은 심장마비로 오랫동안 고생을 하고 있는 노인들이다. 어느 날 한 환자가 숨도 제대로 쉬지 못하는 탈진한 상태로 병원에 실려 왔다. 한눈에도 심각한 상태였다. 앤더슨은 차트를 보면서 환자의 손을 잡고 한참 동안 침대 위에 가만히 앉아 있었다. 얼마가 지났을까. 눈을 뜬 환자는 앤더슨을 물끄러미 쳐다보고 있었다. 앤더슨은 물었다.

"두려운 느낌이 드세요?"

 아주 짧은 질문이었다. 보통의 의사나 간호사들은 환자에게 이러한 질문을 던지지 않지만, 앤더슨은 환자의 신체적인 증상은 물론, 감정적인 상태까지 주의 깊게 살펴보았다. 그리고 그 과정에서 정서적인 교감을 나누려고 했다. 정신을 차린 환자의 입에서 이런 말이 흘러나왔다.

"죽는다고 생각하니 너무 두렵더군요. 죽는다는 생각이 6개월 내내 머리를 떠나지 않았죠. 그동안 착하게 살기 위해 무척 애를 썼어요. 좋은 남편이자 좋은 아버지가 되고 싶었죠. 하지만 한 가지 마음에 걸리는 일이 있어요. 아주 오래 전, 어떤 직원에게 심한 상처를 준 적이 있었죠. 회사에 들어간 지 얼마 되지 않아서 저는 그 직원에게 해고통보를 하라는 지시를 받았어요. 저도 어쩔 수 없는 상황이었죠. 하지만 그때로 돌아갈 수만 있다면, 그에게 미안하다는 말을 해주고 싶어요. 이젠 너무 늦어버렸죠. 그래도 그에게 용서를 받아야만 편히 잠들 수 있을 것 같아요."

 환자는 앤더슨의 눈을 지그시 바라보며 덧붙였다.

"이 말을 털어 놓은 건 당신이 처음이에요. 그나마 죽기 전에 고백할 수 있어 다행이군요."

 그 순간 앤더슨은 뜨거운 감정이 솟아오르는 걸 느낄 수 있었다. 그냥 차트만 보고 있었다면 이러한 순간은 절대 찾아오지 않았을

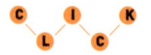

것이다. 앤더슨은 바로 옆에서 끝까지 손을 잡아주었고, 그 환자는 평생 이야기하지 못했던 비밀까지 털어 놓았다.

진심으로 누군가의 옆에 있어 준다는 것, 즉 진정한 '존재감'의 느낌은 환자들의 건강과 행복에 많은 영향을 미친다.[4] 오랜 임상경험을 통해 앤더슨은 이러한 '존재감'의 느낌이 네 가지 요소로 이루어져 있다는 사실을 발견했다.

첫째, 환자를 향해 다가가는 노력이다. 여기서 중요한 것은 환자에게 먼저 관심을 보여주는 일이다.

둘째, 항상 열려있는 마음으로 환자들을 대하는 일이다. 조언이나 해결방안을 제시하는 것이 아니라, 정직과 믿음을 통해 공통분모를 조금씩 넓혀 나가는 노력을 말한다.

셋째, 환자에게 다가간다고 해서 자신의 감정을 무시해서는 안 된다. 오히려 자신의 감정에 집중하고, 이를 솔직하게 드러내려는 노력이 중요하다.

넷째, 관심을 드러내고, 집중해서 듣고, 부탁을 하고, 자신의 감정을 전달함으로써 상호교류를 하고 있다는 사실을 분명하게 알려주려는 노력이다.

상대방에게 진정한 '존재감'의 느낌을 전달하기 위해서는 이 네 가지 모두를 갖추고 있어야 한다. 앤더슨의 치료과정에는 이 요소들이 전부 들어있다. 웰치의 무대도 마찬가지다. 네 가지 요소를 바탕으로 앤더슨은 환자를 치료했고, 웰치는 관객들을 웃겼다. 웰치는 이렇게 말한다.

"그대로 공연을 할 수는 없다는 생각이 들더군요. 그전에 관객들과의 연결고리를 새롭게 만들어야 했습니다."

관객들이 자신의 농담에 맞장구라도 칠 수 있는 분위기를 만들어 놓아야만 했다.

"관객들에게 더 가까이 다가서야만 했습니다. 그래야만 호응을 이끌어낼 수 있을 것이라 생각했기 때문이죠. 저는 속으로 이렇게 외쳤습니다. '내가 무대를 내려갈 때, 모두들 우레와 같은 박수를 보낼 거야!'라고요. 최선을 다하고 무대를 내려갈 때 즈음, 고맙게도 많은 분들이 기립박수를 보내주셨어요."

존재감의 힘은 우리가 생각하는 것보다 더 대단하다.[5] 그 힘은 순간을 넘어 오랫동안 많은 사람들에게 영향을 미친다. 다양한 임상연구 자료들을 살펴보면, 의사와 간호사가 환자에게 더 많은 관심을 보일수록, 환자는 높은 안정감과 믿음을 갖는 것으로 나타났다. 이러한 느낌은 몇 주 동안이나 그대로 이어진다. 그것은 의료진들이 환자 가까이에 존재함으로써 그들에게 진정한 관심을 전달했기 때문이다.

클릭의 순간은 참으로 다양한 형태로 나타나지만, 그 속에는 한 가지 공통점이 있다. 순간적인 경험이 장기적으로 유지된다는 사

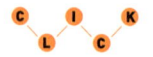

실이다. 몰입과 존재감의 느낌이 동시에 나타날 때, 즉 주변의 모든 사람들과 순간적인 공감대가 형성될 때 받은 특별한 느낌은 상황이 달라진다고 해서 곧바로 사라지는 것이 아니다. 장기적인 차원에서 우리 자신은 물론 주변의 모든 사람들에게 영향을 미친다.

나중에 더 자세히 살펴보겠지만, 공감대는 자신이 주변 사람들과 연결되었다는 순간적인 느낌 이상의 것이다. 다양한 연구사례를 통해 우리는 공감대가 전염성이 강한 느낌이라는 사실을 확인할 수 있다. 사람들은 본능적으로 다른 사람의 감정에 동화하려는 성향을 갖고 있다. 화를 잘 내는 사람과 함께 살다 보면, 자신도 짜증을 많이 내게 된다. 반대로 낙천적인 사람과 함께 있으면, 더 많이 웃게 된다. 한 심리학 연구에 따르면, 혼자 있을 때보다 다른 이들과 함께 있을 때, 사람들은 똑같은 농담에 30배나 더 많이 웃는다고 한다. 이와 마찬가지로 공감대를 더욱 잘 형성할 줄 아는 사람과 함께 있을 때, 우리는 더욱 쉽게 다른 사람들과 관계를 형성할 수 있다.

바스티아니치 셰프의 존재감은 자폐아도 몰입시킨다

리디아 바스티아니치(Lidia Bastianich)는 1998년부터 TV에서 다양한 요리 프로그램을 진행하고 있다. 그녀가 요리하는 모습을 보면 저절로 묘한 매력에 빠져든다. 바스티아니치는 본격적으로 요리 강습을 시작하기에 앞서 재료들을 어디서 구할 수 있는지, 그리고 일반 가정에서 어떻게 활용할 수 있을지에 대해 친절하게 설명한다. 그녀는 이렇게 말한다.

"제게 요리란 의사소통 도구입니다. 그리고 제 인생에서 많은 부분을 차지하고 있어요. 우리 가족은 모두 소박하게 살아왔어요. 할머니는 마당에 감자를 심으셨죠. 감자를 캐는 것은 언제나 제 몫이었죠. 막 캐낸 따스한 감자는 살아있다는 느낌이 들어요. 어릴 적 그러한 경험 때문에 아직도 요리와 인연을 맺고 있나 봅니다."

바스티아니치가 요리를 하는 모습을 보면 몰입을 경험하고 있는 것 같다. 소비자의 입장에서 요리사는 저 멀리 떨어져 있는 존재다. 우리가 요리사와 관계를 맺는 경우는, 고급 레스토랑에서 메뉴를 주문하거나, 요리책을 읽어 보거나, 아니면 TV 요리 프로그램을 보는 것 정도다. 요리사와 가치관이나 개인적인 의견을 가지고 깊은 대화를 나눌 수 있는 상황은 거의 발생하지 않는다. 하지만 바스티아니치는 다르다. 요리를 하는 과정에서 그녀는 언제나 사람들 바로 옆에 '존재'하기 위해 노력한다.

어느 날, 바스티아니치는 교황 베네딕토 16세의 저녁식사를 준비하게 되었다. 하지만 그녀는 그 기회를 단지 맛있는 음식을 만들어내는 것으로 끝내고 싶지 않았다.

"깊은 뜻이 담긴 메시지를 전해 드리고 싶었어요."

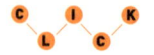

고심 끝에 바스티아니치는 치킨 수프와 옛날 파이, 그리고 과자를 메뉴로 결정했다. 그것은 바로 예전에 독일 어린이들이 즐겨 먹었던 음식이었다. 마침 전날이 교황의 생일이었기 때문에 바스티아니치는 케이크까지 준비하는 센스를 발휘했다.

"생일축하곡을 불러 드렸어요. 케이크를 자르기 위해 나이프를 드렸더니 당황하시더군요. 함께 손을 잡고 케이크를 자르면서 저는 이렇게 말했어요. '저녁식사가 입맛에 맞으셨기를 바랍니다.' 그러자 교황께서는 저를 보시면서 어릴 적 어머니의 손맛이었다고 말씀하시더군요. 전 너무나 기뻤습니다. 그게 바로 제가 원하는 대답이었거든요. 제가 만든 저녁을 드시면서 교황은 어린 시절을 떠올리셨던 겁니다."

그날 저녁 바스티아니치는 공감대를 형성했고, 교황은 동화되었다. 공감대는 사람들을 끌어당긴다. 그리고 그 속에서 클릭의 가능성은 더욱 높아진다.

바스티아니치와 공감대를 형성한 사람들 중에는 자폐증에 걸린 아이들도 있다.

"자폐증 자녀를 둔 부모들로부터 종종 편지를 받아요. 오랫동안 계속해서 편지가 오는 걸 보면, 일시적인 현상은 아닌 듯해요. '요즘 제 아들은 당신의 요리 프로그램에 푹 빠져 있습니다.'라고 말하는 부모도 있었어요."

자폐증 환자는 다른 사람에게 마음을 잘 열지 않는다. 하지만 자폐증 자녀를 둔 많은 어머니들이 그들의 아이가 바스티아니치의 요리 프로그램을 열심히 시청하고 있다고 말하고 있다. 한 어머니는 이렇게 말했다.

"바스티아니치가 진행하는 프로그램 세 편을 순서대로 녹화해 두었어요. 그런데 잠시도 가만히 있지 못하는 제 아들이 신기하게도 한 시간 반이나 계속해서 그 프로그램을 보고 있더라니까요."

바스티아니치는 자폐증 아이들이 자신의 프로그램에서 어떤 부분을 좋아하는지 궁금하다.

"아이들을 편안하게 만드는 저만의 무엇이 있는 것 같아요. 아이들은 아마도 거기서 저와의 연결고리를 발견했던 게 아닐까요?"

바스티아니치는 가끔 자폐증 아이들을 집으로 초대하여 요리하는 모습을 직접 보여준다.

"대부분 무척 수줍어합니다. 요리를 마치고 나서 저는 어머니들과 이야기를 나누죠. 그러면 아이들이 조금씩 제게 다가온답니다. 바로 옆으로 다가오면, 저는 아이를 안고 볼에 입맞춤을 합니다. 그러면 어머니들은 대개 눈물을 글썽이죠. 그런 일은 좀처럼 일어나지 않으니까요."

바스티아니치는 요리를 하는 과정에서 공감대를 만들어낸다. 마술과도 같은 그녀의 요리를 지켜보면서 사람들은 조금씩 그녀와 클릭의 순간을 만들어간다. 그녀의 손짓을 바라보는 것만으로 사

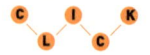

람들은 신비한 느낌에 빠져든다.

거울 뉴런

공감대의 강력한 전염성은 신경학적인 접근방식으로 확인이 가능하다.[6] 짧은 꼬리 원숭이들을 대상으로 연구를 하고 있는 이탈리아 연구팀은 원숭이들이 목표 중심적인 행동을 하고 있을 때(가령 쥐고, 잡고, 찢는 행동), 전운동피질(premotor cortex) 속의 신경세포들이 활성화된다는 사실을 발견했다. 원숭이 두뇌에서 이 부위는 행동을 조절하는 기능을 담당한다. (사람도 마찬가지다.) 여기서 흥미로운 사실은 목표 중심적인 행동을 하는 사람의 모습을 보는 것만으로도 원숭이의 전운동피질이 활성화된다는 것이다. 직접 행동을 하는 것과, 그리고 그 행동을 관찰하는 것이 적어도 두뇌에는 똑같은 영향을 준다.

두뇌의 이러한 메커니즘에 관련된 신경세포를 신경과학자들은 '거울 뉴런(mirror neuron)'이라고 부른다. 신경과학자인 지아코모 리졸라티(Giacomo Rizzolatti)와 라일라 크라이게로(Laila Craighero)는 거울 뉴런에 대해 이렇게 설명한다.

"어떤 행동을 직접적으로 하거나, 또는 그 행동을 관찰할 때, 거울 뉴런은 동일한 반응을 보입니다."

특정한 행동을 하는 짧은 꼬리 원숭이의 두뇌와 그 행동을 관찰하는 짧은 꼬리 원숭이의 두뇌는 동일한 경험을 한다고 느낀다.

거울 뉴런은 원숭이뿐만이 아니라 인간의 두뇌에도 있다. 인간의 경우 행동뿐만이 아니라 감정의 차원에서도 거울 뉴런이 작동을 한다. 다른 사람이 고통을 겪는 모습을 볼 때, 우리의 두뇌 또한 그 사람과 비슷한 반응을 보인다. 실제로는 아무런 고통을 받고 있지 않지만, 신경생물학적인 메커니즘은 우리에게 비슷한 종류의 고통을 준다.

미드 프로듀서의 단역 오디션

감정의 전이는 인간의 고유한 특성이다. 다른 동물들과는 달리 사람들은 다른 사람의 감정까지도 따라하는 습성이 있다. 이러한 현상은 어린이는 물론 성인들에게서도 공통적으로 나타난다. 황금시간대에 방영되는 NBC 인기 드라마 〈성범죄 수사대(Law & Order: Special Victim Unit)〉의 프로듀서인 프레드 베르너(Fred Berner)는 매일 이러한 현상을 업무적으로 체험한다.

뉴욕의 첼시 부두에서 베르너는 야구모자와 최신 유행의 티셔츠를 입은 배우들에 둘러싸여 있다. 베르너는 이제 오디션을 봐야 한다. 시작이 예정보다 약간 늦어지고 있다. 허드슨강 다리를 따라 오후의 세찬 바람이 불어오고 있다. 덥수룩한 회색 머리에 스웨터

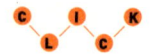

와 청바지 차림의 베르너는 배우들에게 가려 잘 보이지 않는다. 하지만 모두들 그의 말에 따라 움직이고 있다.

베르너는 걸어가면서도 바쁘게 이야기를 나눈다. 드라마 캐스팅 담당이 다음 주에 촬영할 에피소드와 기술적으로 많은 어려움이 예상되는 법원 촬영 신에 대해 그에게 설명한다.

촬영 현장에 오는 사람들은 대부분 두 가지 사실에 놀란다. 첫째, 베르너는 방송 프로듀서로서는 지극히 예외적으로 여유로운 성격의 소유자이다. 그는 택시기사에게 자연스레 농담을 던지고, 어시스턴트에게 사촌의 무릎 수술이 잘 되었냐고 물어보는 상냥한 사람이다. 둘째, 베르너는 주변의 사람들과 공감대를 형성하는 능력이 뛰어나다. 그 공감대는 강한 전염력을 갖고 있기도 하다. 그는 자신의 일에 대해 이렇게 말한다.

"사람이 저보고 무슨 일을 하냐고 물어보면, 저는 마법을 발견하는 일을 한다고 대답합니다. 그러면 대부분 고개를 갸우뚱하죠."

프로듀서들이 생각하는 좋은 드라마의 기준은 일반 시청자들의 기준과는 상당히 다릅니다. 프로듀서들에게 가장 중요한 것은 캐스팅입니다. 주변의 프로듀서들은 이렇게 말합니다. '캐스팅이 프로그램의 90퍼센트 차지합니다.' 캐스팅 작업이 98퍼센트라고 말하는 사람도 있죠. 정확하게 그 비중이 어느 정도인지를 떠나서, 캐스팅이 프로그램에서 가장 중요한 요소입니다."

베르너의 말을 더 들어보자.

"고작 대사 몇 마디 나오지 않는 편의점 직원 배역을 놓고 3~40명의 배우가 경쟁을 벌인다는 사실을 아는 사람은 별로 없을 겁니다. 〈성범죄 수사대〉만 해도 이러한 단역이 30개 정도 되고요."

배역의 수에 오디션을 보는 배우들의 수를 곱해보면, 베르너가 얼마나 바쁜 나날을 보내고 있는지 대충 짐작이 될 것이다.

"시즌 하나를 만들려면 보통 7~8,000명 정도의 배우들을 만나봐야 해요."

그날도 베르너는 캐스팅 작업을 위해 여러 배우들과 함께 허드슨 강가를 걷고 있었다. 베르너를 둘러싼 배우들의 무리는 첼시 부둣가의 창고처럼 생긴 건물로 들어갔다. '성범죄 수사대 소품실'이라는 간판이 없었다면, 아무도 그곳이 방송국 건물인지 알지 못했을 것이다.

모두들 엘리베이터에서 내려 오른쪽에 있는 대기실로 들어간다. 그리고 카페 분위기가 나는 테이블들을 중심으로 모여 선다. 머리가 벗겨진 50대 남자, 잘생긴 20대 젊은이, 그리고 덥수룩하게 수염을 기른 30대 히피족, 이렇게 모두 세 그룹으로 나뉘어 있다.

그리고 한 명씩 차례로 베르너와 팀원들이 기다리고 있는 오디션 방으로 들어간다. 방안엔 긴장감이 가득하다. 배우들에게 오디션은 언제나 힘든 시간이다. 하지만 베르너 역시 힘들기는 마찬가지다. 그는 배우들의 연기를 보고, 기존의 다른 배우들과 호흡이 잘 맞을지, 또는 시청자들을 한눈에 사로잡을 수 있을지 신속하게 판

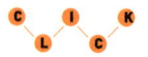

단을 내려야 한다.

"다른 배우들과 조화를 이룰 수 있는 인물을 골라내야 합니다. 그래야만 프로그램에 마술을 걸 수 있죠. 매주 수백만의 시청자가 우리 프로그램을 봅니다. 저는 그들에게 흥미진진한 이야기를 선물해야 할 의무가 있는 사람입니다."

그날 베르너는 연달아 65명의 오디션을 보았다. 그리고 팀원들과 함께 상의를 하면서 목록에서 한 명씩 지워 나갔다. 사실 베르너가 관심 있게 보는 것은 연기 실력이 아니다. 대부분 연기력은 기본 수준 이상이다. 더구나 베르너는 연기력 측면에서 지나치게 까다롭게 구는 프로듀서가 아니다.

"말로 설명하기 힘든 뭔가가 있어야만 해요. 처음 보았을 때, '바로 이 사람이야!'라고 외칠 수 있는 바로 그런 느낌 말이죠. 그런 배우는 한눈에 드러납니다. 분명한 사실이죠."

그 미묘한 느낌을 설명하기 위해, 베르너는 2007년에 있었던 이야기를 들려주었다. 당시 〈성범죄 수사대〉의 주연을 맡았던 샘 워터스톤(Sam Waterston, 잭 맥코이 검사 역)이 극중에서 승진을 하면서 역할이 크게 줄어들었다. 베르너의 고민은 그때부터 시작되었다. 당시 워터스톤은 드라마의 얼굴이었기 때문이다. 이제 베르너는 워터스톤의 인기와 카리스마를 그대로 이어받을 새로운 인물을 뽑아야만 했다. 베르너는 이렇게 말했다.

"언제나 말은 쉽죠."

시청자들은 워터스톤만한 배우가 나올 수 있을까 의아해하고 있었다. 그렇기 때문에 그저 잘하는 배우만으로는 부족했다. 시청자들의 관심을 사로잡을 수 있는 특출한 배우가 필요한 순간이었다.

"검사보의 역할을 놓고 계속해서 오디션을 보았습니다. 정말 많은 훌륭한 배우들이 참여를 했죠. 하지만 선택은 쉽지 않았어요."

베르너와 그의 팀원들은 시청자와 공감대를 형성할 수 있는 자질에 초점을 맞추어서 오디션을 진행했다.

"오디션에 참가한 모든 배우들에게 변론 부분의 대사를 낭독하도록 했죠."

워낙 비중 있는 역할이다 보니 방송국 간부들도 오디션장에 나와 있었다.

"프로그램 크리에이터인 딕도 제 옆자리에 앉아 있었죠. 우리는 한 배우가 하나의 문장을 읽으면, 다른 배우들이 계속해서 따라서 읽도록 하는 방식으로 오디션을 보고 있었습니다."

하지만 똑같은 대사를 네다섯 번 반복해서 듣다 보면 점차 감각이 무뎌지게 마련이다. 들으면 들을수록 판단이 더 혼란스러워진다. 베르너의 머릿속은 어느덧 수많은 배우들로 뒤죽박죽 엉켜버렸다.

그러다가 갑자기 그 순간이 찾아왔다. 로열세익스피어 극단 출신인 라이너스 로체(Linus Roache)가 오디션 장으로 들어서자 색다른 공기가 감돌았다. 급박하게 스토리가 진행되는 뉴욕 법정 드라마

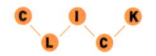

에서 영국 출신의 배우가 주인공 역할을 소화해 낼 수 있으리라고는 아무도 예상하지 못했었다.

"오후 내내 들었던 똑같은 대사를 라이너스가 읽었습니다. 그런데 뭔가 다른 게 느껴졌죠. 그가 대사를 시작하자 모니터 화면을 들여다보고 있던 사람들의 표정에 갑자기 활기가 느껴졌어요. 계속해서 블랙베리만 만지작거리고 있던 딕도 고개를 들더군요. 특별하면서도 완전히 새로운 분위기가 느껴졌죠. 아마 현장에 있었던 사람들 모두 똑같은 느낌을 받았을 겁니다. 라이너스의 목소리가 그대로 제 가슴속으로 들어왔습니다. 우리는 서로를 보며 이렇게 속삭였죠. '와우! 도대체 누구야?' 똑같은 대사를 수백 번 듣고 나서야 우리가 찾던 바로 그 사람이 나타났던 거죠."

베르너의 말을 들어보면, 그때 오디션장에서 무슨 일이 일어났는지 충분히 짐작이 간다. 베르너와 팀원들은 피곤함과 지루함을 참으면서 계속해서 똑같은 대사를 들었다. 그러다가 라이너스의 등장으로 분위기가 완전히 바뀐 것이다. 모두들 라이너스의 대사에 푹 빠져버렸다.

"캠프파이어에서 누군가 불러주는 감미로운 노래를 듣는 느낌이 들었어요. 정말 그랬어요. 긴장과 스트레스로 가득한 오디션장에서 오후 다섯 시가 되어서야 그 일이 벌어진 겁니다. 저와 우리 팀원들은 모두 수많은 배우들을 보고서도 마음을 정하지 못하고 있었어요. 하지만 라이너스가 대사를 마쳤을 때, 우리는 서로를 쳐다보며 이야기했습니다. '이 사람이야. 드디어 찾았어.'라고 말이죠."

공감대로 만들어진 클릭의 순간은 웰치의 마음속에 영원하다

그 순간은 마이크 웰치가 사회자로부터 최악의 소개를 받았던 무대에서 관중들을 향해 다시 한 번 멋들어지게 자기소개를 함으로써 만들어냈던 몰입과 흡사했다. 그리고 앤더슨이 환자를 대하며 드러낸 존재감도 있었다. 이렇게 라이너스는 오디션 관계자들과 공감대를 형성했다.

실제로 공감대란 대단히 미묘한 느낌이다. 바스티아니치는 요리를 통해 사람들과 공감대를 형성한다. 라이너스 로체는 오디션장에서 심사위원들과 공감대를 형성했고 베르너의 고민을 한번에 해결해 주면서 새로운 검사보 배역을 따냈다. 웰치는 사회자의 무성의한 소개를 딛고 무대 위에서 청중들과 공감대를 이루어냈다. 이들이 만들어낸 공감대는 모두 전염성이 대단히 강하다. 웰치는 웃으면서 말했다.

"공연이 끝나고 많은 사람들이 제게로 몰려와 사인을 부탁하더군요. 그건 제가 잘했다는 뜻이겠죠? '웰치, 당신이 그렇게 웃긴 사람인 줄 몰랐어요!' 모두들 제게 이렇게 말을 건네더군요."

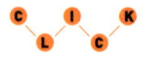

하지만 나중에 웰치는 코미디언으로서의 생활을 접었다. HBO 스페셜 프로그램이나, 2,000명의 관객들로 가득한 화려한 무대도 포기했다. 그리고 지금은 다시 예전의 생활로 돌아와 반스앤노블 매장 관리자로 일을 하고 있다. 그래도 그날 밤의 공연은 아직도 그의 마음속에서 반짝반짝 빛나고 있다.

오디션에서 강한 인상을 남기고, 관객들과 하나가 되고, 환자에게 편안함과 믿음을 주는 일, 이 모두가 '클릭'으로 인해 공감대가 형성된 순간이다. 사람들은 흔히 클릭의 순간이 우연히 나타난다고 생각하지만, 사실 얼마든지 의도적으로 만들어낼 수 있다. 불리하고 급박한 상황 속에서도 우리는 공감대를 창조해낼 수 있다. 몰입의 상태 역시 의식적인 노력으로 도달할 수 있다. 그리고 몰입과 공감대의 힘은 우리가 생각하는 것보다 훨씬 강하다.

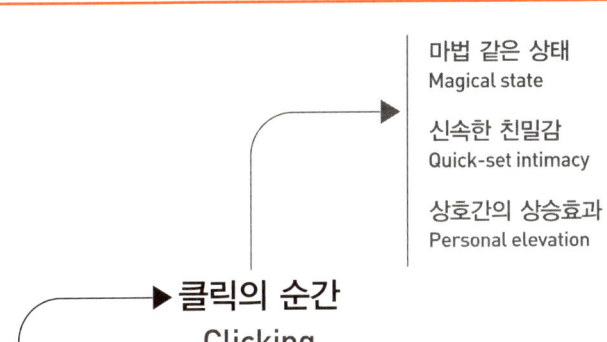

마법 같은 상태
Magical state

신속한 친밀감
Quick-set intimacy

상호간의 상승효과
Personal elevation

클릭의 순간
Clicking

클릭촉진제 Click Accelerators

  취약성 Vulnerability

      형식적 표현 Phatic
      객관적 표현 Factual
      주관적 표현 Evaluative
      감정을 드러내는 표현 Gut-level
      피크 표현 Peak

  근접성 Proximity

      기하급수적 매력 증가 Exponential Attraction
      자연적 의사소통 Spontaneous communication
      수동적 접촉 Passive contacts

  공감대 Resonance

      몰입 Flow
      존재감 Presence

6
네번째 클릭촉진제 – 유사성

'켈리 힐드브란트가
 켈리 힐드브란트와
 결혼하다'

2008년 2월 어느 날 스무 살의 켈리 힐드브란트(Kelly Hildebrandt)는 직장에서 돌아와 컴퓨터 앞에 앉았다.[1] 그리고 페이스북으로 들어가 자신의 이름으로 검색을 했다.

"아마 자정쯤 되었을까요? 저랑 똑같은 이름을 가진 사람이 있는지 한번 알아보고 싶었어요."

결과는 의외였다. 텍사스 러벅(Lubbock)에 살고 있는 짧은 머리의 남자 켈리 힐드브란트가 떴다. 또 다른 켈리는 화면 속에서 환한 미소를 짓고 있었다.

"귀여워 보이던 걸요?"

켈리는 곧장 남자 켈리에게 반갑다는 메시지를 보냈다. 그리고 며칠 동안 계속해서 페이스북 쪽지를 체크했다.

"정말 답장이 올지 궁금했어요. 괜찮은 남자일지도 모르잖아요? 그런데 사흘 뒤에 답장이 왔어요. 아주 친절한 사람이라는 느낌이 들었죠."

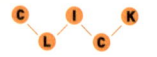

이제 반대편에 있는 남자 켈리의 말을 들어보자.

"저도 일 년 반 전에 제 이름으로 검색을 한 적이 있어요. 그런데 그때는 다른 사람이 뜨지 않았어요. 하지만 또 다른 켈리가 저를 찾아냈죠."

남자 켈리는 여자 켈리의 쪽지를 받고 깜짝 놀랐다. 그리고 그녀가 먼 지역에 살고 있는 스무 살의 아가씨라는 사실에 흥미를 느꼈다.

"그녀도 꽤 귀여워 보였어요."

드디어 온라인 만남이 시작되었다. 그들의 메일은 곧 전화통화로 이어졌다. 그리고 그리 오래지 않아, 여자 켈리는 남자 켈리가 단순한 인터넷 친구 이상으로 느껴지기 시작했다.

남자 켈리는 자신과 이름이 같은 여자와 전화를 주고받고 있다고 친구들에게 이야기했다. 친구들의 반응은 각양각색이었다. 이상하다고 말하는 친구도 있었고, 참 재미있는 인연이라고 하는 친구도 있었다.

메일로, 그리고 전화로 연락을 시작한지 두 달 만에 두 켈리는 직접 만나기로 약속을 했다. 그리고 남자 켈리가 플로리다에서 텍사스로 날아갔다. 서로를 처음 보는 순간, 두 사람은 짜릿한 전율을 느꼈다. 이후로 두 켈리는 본격적으로 사귀기 시작했다. 여자 켈리는 이렇게 말한다.

"저희 모두 교회를 다니고 있죠. 가족들과 보내는 시간을 소중하게 생각하는 것도 같아요. 또한 둘 다 활달하고 외향적인데다 부지런한 것까지 모두 닮았죠. 요리하는 것도 좋아해요. 공포영화를 싫어하는 것도 똑같고요."

결국 두 사람은 결혼을 했다. 그리고 이들의 독특한 사연은 사람들의 관심을 집중시켰다. NBC는 '두 켈리의 이야기(A Tale of Two Kellys)'라는 제목으로 그들의 특별한 인연을 소개했다. 런던의 〈데일리 텔레그래프(Daily Telegraph)〉는 '켈리 힐드브란트가 켈리 힐드브란트와 결혼하다.'라는 제목의 기사를 실었다.

켈리 부부의 이야기는 마치 소설 같다. 이들의 이야기 속에서 우리는 클릭의 네번째 촉진제를 발견할 수 있다. 그것은 다름 아닌 '유사성(similarity)'이다.

'왜 어떤 애들하고는 금방 친해질까?'

유사성에 대해 설명하기 위해 돈 번(Donn Byrne) 교수의 사례를 한 번 살펴보도록 하자.[2] 번 교수는 인터넷은 물론 컴퓨터마저 귀했던 시절에 자랐다. 그의 아버지는 전국을 돌아다니는 목화상인이었다. 덕분의 번 교수의 가족은 자주 이사를 다녔다. 학교도 계속해서 옮겨 다녔다.

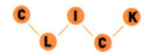

"9학년 때 아홉번째로 전학을 했죠."

학교를 옮길 때마다 번은 새로운 친구들을 사귀어야 했다. 그리고 아무도 자신의 이름을 모르는 분위기에 적응해야만 했다. 당시에는 구체적으로 의식하지 못했지만, 번의 마음속에는 계속해서 이런 질문이 떠올랐다. '왜 어떤 애들하고는 금방 친하게 되고, 다른 애들과는 그렇지 않은 걸까?' 이러한 어릴 적 궁금증이 결국 대학원 연구로까지 이어졌다. 대학원에서 번은 유사성이 초기의 인간관계에 미치는 영향에 대해 연구했다.

여기서 켈리의 이야기로 돌아가보자. 두 사람이 짧은 시간에 가까워질 수 있었던 이유는 무엇일까? 이름이 같았기 때문일까? 둘 다 교회를 다녀서? 또는 둘 다 외향적인 성격이라서? 하지만 자신과 다른 이성에게 더욱 매력을 느낀다는 반대의 주장도 있다. 그렇다면 켈리의 사례는 예외적인 경우인가? 이와 같은 질문들에 대해 번은 과학적인 차원에서 접근해보고 싶었다.

하지만 연구를 시작하자마자 번은 두 가지 장애물에 부딪혔다. 우선 예산이 부족했다. 텍사스대학에서 박사 학위를 받은 지 얼마 되지 않은 무렵이라 연구비가 넉넉하지 못했다. 그리고 함께 할 연구원들도 부족했다. 텍사스대학 심리학과는 구체적인 성과가 기대되는 논문, 또는 저술 활동 이외에는 연구비를 지원하지 않았다. 번은 학계에 갓 입문한 초보 박사에 불과했다.

하지만 결론적으로 두 가지 문제점이 그에게는 오히려 도움이 되었다. 번은 아직 학계에 완전히 발을 들여놓지 않았기 때문에 이미 많은 학자들이 유사성의 매력을 밝히기 위해 많은 시도를 했었다는 사실을 잘 모르고 있었다. 그래서 독자적으로 과감하게 연구를 시작할 수 있었다. 예전에 시행된 연구에는 대부분 공통적인 결함이 있었다. 실제 상황이 아니라 가상적인 상황에 지나치게 의존했다는 점이었다. 과거의 실험들을 살펴보면, 피실험자들에게 자신과 아주 비슷한 사람을 만났다는 상상을 하도록 요구한다. 가령 신체적인 특성이 비슷하거나, 아니면 고향이 같은 사람을 만났다는 가정을 준다. 그러고 나서 묻는다.

"친근한 느낌이 드는가요? 매력적이라고 생각하세요?"

하지만 이러한 접근방식으로는 피실험자들의 행동에서 연구원들이 기대하는 반응밖에는 이끌어내지 못한다. 특정한 목적을 갖고 만들어 놓은 가상의 상황과 실제의 상황에서 행동하는 것에는 엄청난 차이가 있을 수밖에 없다.

즉 번이 유사성에 대해 본격적으로 연구를 시작하기 전에, 피실험자들을 실제 상황에서 관찰하는, 최소한 피실험자들이 실제 상황이라고 느끼게끔 하는 시도는 한 번도 없었다.

번은 예전 연구들의 접근방식에 대해 거의 모르고 있었기 때문에 똑같은 함정에 빠지지 않을 수 있었다. 또한 예산이 넉넉하지 못했기 때문에 기존의 접근방식과는 완전히 다른 혁신적인 실험 방식

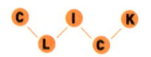

을 시도해야만 했다. 가상의 상황을 가정함으로써 출발하는 '왓이 프(what if)' 접근방식에서 벗어나, 번은 직접 학부생들을 면담하면서 그들의 관심사항과 문제점을 직접 알아내는 방법을 선택했다. 이러한 노력을 통해 종교나 혼전 성관계와 같은 민감한 주제들에 대한 학생들의 생각, 그리고 음악이나 책 혹은 영화에 대한 그들의 취향을 직접적으로 파악할 수 있었다.

번은 학생들과 나눈 면담 내용들을 면밀히 분석했다. 그리고 그 속에서 스물여섯 개의 주제들을 뽑아냈다. 그 중 절반은 다소 심각한 주제였고, 나머지 절반은 일상적인 것이었다.

그 다음으로 다른 학생들에게 스물여섯 개의 항목을 모두 적은 목록을 제시했다. 그리고 각각의 항목에 대해 의견을 표시하도록 했다. 가령 '신의 존재를 믿는다.' 또는 '서부영화를 싫어한다.'와 같은 항목에 대해 학생들은 O, X로 답변을 하게 된다. 번은 이 설문조사를 통해 각 학생들의 전반적인 태도와 취향을 파악할 수 있었다.

며칠 후 번은 다시 학생들을 모아 놓고, 다른 학생들의 설문 결과를 보여주었다. 그리고 프라이버시 차원에서 이름은 보이지 않게 처리했다고 일러두었다. 하지만 다른 학생들의 설문지라며 나누어 준 설문지는 사실 번이 만든 것이다. 번은 원래 학생들의 답안을 기준으로 다양한 펜을 사용하고 필체를 바꿔가며 그럴 듯한 답안지를 만들어냈다.

번은 학생들을 임의의 네 그룹으로 나누었다. 그리고 첫번째 그룹 학생들에게는, 그들 자신의 대답과 100퍼센트 일치하는 설문 답안지를 주었다. 이 그룹에 속한 학생은 자신과 똑같은 종교나 취미를 가졌다고 표기되어 있는 가상의 답안지를 받게 된다. 다음으로 두번째 그룹 학생들에게는 완전히 다른 답안지를 주었다. 이 그룹에 속한 학생들은 자신의 대답과는 하나도 일치하지 않는 답안지를 받아보게 된다. 세번째 그룹의 학생들에게는 종교나 가치관과 같은 무거운 항목에 대해서는 일치하고, 음악이나 취미와 같은 가벼운 항목에 대해서는 반대되는 답안지를 주었다. 마지막으로 네번째는 가벼운 항목에는 일치하고, 무거운 항목에는 반대되는 답안지를 주었다.

정리하자면, 1/4의 학생들에게는 완전 일치하는 답안지를, 다음 1/4에게는 완전히 불일치하는 답안지를, 그 다음 1/4에게는 중요 항목만 일치하는 답안지를, 마지막 1/4에게는 사소한 항목만 일치하는 답안지를 나누어 주었다.

번은 각 그룹의 학생들에게 자신이 받은 답안지의 주인에 대해 어떻게 느끼는지 물어보았다. 예상대로 완전 일치하는 답안지를 받았던 학생들이 완전 상반되는 답안지를 받은 학생들보다 더욱 호의적으로 평가했다.

여기서 여러 가지 중요한 사실을 발견할 수 있었다. 완전 일치와

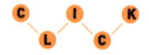

완전 불일치 그룹 학생들의 평가 점수가 생각보다 훨씬 크게 벌어진 것이다. 상대방에 대한 매력 평가에서 완전 일치 그룹의 학생들은 14점 만점에 13점을 주었다. 하지만 완전 불일치 그룹의 점수는 4.41점에 불과했다. 이러한 차이는 심리학 실험에서 대단히 드문 경우다. 완전 일치의 경우, 학생들은 상대방이 도덕적이고, 지적이고, 똑똑하다고 생각했다. 그리고 매력적인 것은 물론, 전반적으로도 좋은 사람이라고 평가를 내렸다.

그렇다면 세번째와 네번째 그룹은 어땠을까? 상식적인 차원에서 생각해본다면(세번째 그룹은 중요 항목에서만 일치하는 답안지를 받았고, 네번째는 사소한 항목에서 일치하는 답안지를 받았다는 사실을 다시 한 번 떠올리자.), 아마도 세번째 그룹의 점수가 네번째 그룹에 비해 높을 것이라고 추측해볼 수 있다. 영화나 음악과 같은 취미와 관련된 항목보다, 종교나 정치와 같은 중요한 항목에서 일치하는 사람에게 더 호감을 느낄 것이라고 쉽게 추측해볼 수 있기 때문이다.

하지만 결과는 달랐다. 세번째와 네번째 그룹의 매력 평가도 점수가 거의 비슷했다. 그렇다면 매력 점수를 결정하는 것은 항목의 중요도가 아니라, 얼마나 많은 항목에서 일치하는가가 될 것이다. 번은 말했다.

"처음에는 저도 그 결과를 받아들이기가 쉽지 않았습니다."

이 실험 결과에 따르면, 패스트푸드를 싫어하는 성향은 특정 정당을 싫어하는 성향과 똑같은 정도로 매력 평가에 영향을 미친다. 유사성에서 중요한 것은 어떤 항목에서 일치하느냐가 아니라, 얼마나 많은 항목에서 일치하느냐였다.

이후 실험에서 번은 26개보다 훨씬 적은 항목만으로도 매력 평가가 충분히 가능하다는 사실을 발견했다. 단 7개 항목만 가지고서도 번은 비슷한 결과를 얻을 수 있었다.

하나가 같다는 이유만으로도 생겨나는 인그룹 의식

이 사실은 켈리 커플에게도 그대로 적용된다. 두 사람은 단지 이름 하나가 똑같다는 사실만으로 급속하게 가까워질 수 있었다. 이름 이외에도 생일이나, 아니면 들고 있는 책이 똑같다는 것만으로도 매력 점수에 큰 영향을 미칠 수 있다. 처음 연구를 시작했던 때를 떠올리면서 번은 이렇게 말했다.

"저랑 생일이 똑같은 연구원이 한 명 있었죠. 대학 친구 한 명도 저와 생일이 같아요. 우리 세 사람은 아직까지도 서로를 잘 기억하고 있어요."

사소한 우연이라고 해도 유사성은 큰 힘을 발휘한다.

"이탈리아 여행에서 똑같은 레스토랑에 가보았다는 사람을 만나면 보통 이렇게 이야기합니다. '신기하군요. 당신도 거기에 갔었다

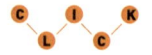

니.' 지극히 사소하고 우연한 사건이지만 사람들은 거기서 상대방과 무언가가 통했다는 느낌을 받죠."

어떠한 형태이든 간에 유사성은 장기적인 관계발전에 커다란 영향을 준다. 처음 만난 사람과 무언가 공유하고 있다는 사실을 발견했을 때(그 내용은 중요하지 않다), 우리는 상대방을 '인그룹(in-group)' 일원으로 바라본다. 여기서 인그룹이란 독특한 특성을 함께 공유하고 있는 집단을 말한다. 대표적인 인그룹에는 가족이 있다. 가족 구성원들은 핏줄, 머리 색깔, 코의 모양, 그리고 경험과 세월을 함께 공유하고 있다. 그리고 본능적인 차원에서 가까운 관계를 맺는다. 서로를 아껴주고 챙겨주려는 마음은 가족 사이에서는 너무나 자연스러운 감정이다.

인그룹 구성원이라고 판단되면, 우리는 상대방에게 즉각 호감을 갖는다. 그리고 더 매력적이고 더 훌륭한 사람이라고 생각한다. 이러한 성향은 본능적이면서 대단히 강력하기 때문에, 아주 사소한 공통점도 충분한 효과를 발휘할 수 있다. 가령 특정 야구팀의 열성 팬끼리는 쉽게 친해진다. 같은 팀을 응원한다는 이유만으로 급속한 친밀감이 형성된다.

인그룹 사람에게는
기꺼이 베푼다

그렇다면 유사성의 힘은 행동으로도 나타나는 것일까? 가령 무언가 같은 것을 공유하고 있다는 사실만으로 사람들은 주차 공간을 양보하거나 돈을 빌려주는 것과 같은 호의를 베풀게 될까?

이를 알아보기 위해 산타클라라대학의 심리학자들은 실험을 계획했다.[3] 우선 한 그룹의 여성들을 모아놓고 창조성을 주제로 심리 실험을 할 것이라고 이야기했다. (물론 이는 거짓말이었다. 유사성의 힘에 대한 실험이라고 솔직하게 이야기하면 피실험자들의 생각과 행동에 영향을 미치기 때문이다.) 다음으로 심리학자들은 여성들에게 실험실로 오기 전에 1달러짜리 지폐 몇 장을 준비하라고 했다. 이는 실험에서 대단히 중요한 부분이다.

피실험자들이 실험실에 도착하면 각자 다른 방으로 들어간다. 그러면 보조요원이 따라 들어가 피실험자에게 주머니와 지갑에 들어 있는 모든 물건을 테이블에 올려놓으라고 지시한다. 그리고 테이블에 놓인 물건들의 사용방법을 적게 한다. 피실험자들은 지시에 따라 5분 동안 생각나는 대로 자유롭게 물건의 사용방법을 적는다. 시간이 지나면 보조요원은 피실험자들에게 다시 물건들을 챙겨 넣도록 하고, 참여에 감사한다는 말과 함께 실험실을 나가도록 한다.

진짜 실험은 지금부터다. 피실험자들이 건물을 빠져나갈 때, 다

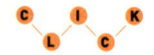

른 보조요원이 다가가 자신을 낭포성섬유증재단(Cystic Fibrosis Foundation) 기금 마련을 위한 자원봉사자라고 소개하고 소액의 기부를 요청한다(그래서 1달러짜리 지폐를 준비하라고 한 것이다.). 아까 테이블에서 소지품을 모두 꺼내 보았기 때문에 피실험자들은 지갑에 1달러짜리 지폐가 있다는 것을 분명히 알고 있다. 결과적으로 피실험자들 대부분이 기부에 참여했고, 그들이 기부한 평균 금액은 1달러 정도였다. 첫번째 실험은 이렇게 끝이 난다.

심리학자들은 똑같은 실험을 한 번 더 반복한다. 창조성 테스트를 진행한다고 말한 뒤, 1달러짜리 지폐를 준비하도록 한다. 그리고 실험실에서 소지품들을 모두 꺼내보도록 한다. 실험실을 나설 때, 낭포성섬유증재단의 자원봉사자로 가장한 연구원들은 그들에게 기부를 요청한다. 하지만 한 가지가 다르다. 자원봉사자로 가장한 보조요원 가슴에 피실험자와 똑같은 이름의 명찰을 달아놓는 것이다. 피실험자가 샐리라는 이름의 여성이라면, 자원봉사자 역시 샐리라고 적힌 이름표를 단다. 케이트에게는 케이트 이름표를 달고 접근한다.

두번째 실험에서 평균 기부금액은 2.07달러로 나타났다. 단지 이름이 같다는 사실 하나로 기부 금액이 두 배가 되었다.

실험 결과를 통해 알 수 있듯, 우리는 상대방을 일단 인그룹의 일원으로 인정하면, 다른 시선으로 그들을 바라보기 시작한다. 더욱

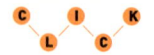

친절하고 관대하게 되며, 이러한 태도는 연쇄반응으로 이어진다. 자신을 인그룹으로 인정하는 사람에게 우리 역시 호의적으로 대하려고 하기 때문이다.

거래처 사원과 친해지는 법

빅토리아대학 경영학과의 J. 브록 스미스(J. Brock Smith) 교수는 사람들의 이러한 성향이 비즈니스 세계에서도 큰 힘을 발휘한다는 사실을 밝혀냈다.[4] 스미스 교수는 캐나다 구매관리자협회(Purchasing Management Association) 회원들 300명 가량을 대상으로 설문지를 담은 우편을 발송했다. 다양한 기업의 구매관리자들에게 보낸 설문지에서 스미스 교수는 3개월 이상 거래했던 납품업체 영업사원들과의 관계에 대해 물어보았다. 그리고 이를 통해 그는 구매관리자들이 거래처의 담당 영업사원을 얼마나 신뢰하고 있는지, 그리고 얼마나 개방적으로 의사소통을 진행하고 있는지 분석해보았다.

그 결과 유사성의 매력에 대해 확인할 수 있었다. 설문에 대체로 긍정적으로 대답한 구매관리자들의 경우, 거래처 담당 직원들과 많은 공통점을 갖고 있었다. 예를 들어 나이, 결혼유무, 가족 상황과 같은 사적인 부분에서 많은 공통점들이 발견되었다. 아마도 구매관리자들은 무의식적인 차원에서 거래처 담당 직원을 인그룹의 일원으로 받아들인 듯하다.

유사성의 힘은 상당히 놀랍다. 켈리 커플 역시 이름이 같다는 이유로 급속하게 가까워질 수 있었다. 그들은 처음부터 서로를 인그룹의 일원으로 받아들였다. 이처럼 유사성의 힘은 남녀 관계에서도 위력을 발휘한다.

생일이 같다는 이유만으로 무리한 요구를 들어줄 수 있다

산타클라라 심리학자들은 또 다른 실험에 착수했다. 그들은 피실험자들을 모아 놓고 점성술 실험을 할 것이라고 이야기했다. 그리고는 각자 다른 방으로 들어가게 했다. 그 방에는 또 다른 한 사람이 따라 들어간다(다른 피실험자라고 소개를 하지만, 실제로는 보조요원이다). 다음으로 실험 안내자가 들어가서 생일에 따라 성격이 결정된다는 점성술사들의 주장에 대해 어떻게 생각하는지 두 사람과 함께 이야기를 나눈다.

이야기 도중 실험 안내자는 두 사람에게 각자의 생일을 물어본다(점성술사에게 알려주기 위한 정보라고 이야기를 한다). 여기서 피실험자로 가장한 보조요원은 진짜 참여자와 똑같은 생일을 말한다. 이 경우 피실험자들은 대부분 깜짝 놀라며 무척 반가워하는 반응을 보

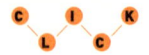

인다. 하지만 보조요원들은 지시대로 이에 대해 계속해서 이야기를 나누지는 않는다. 실험이 끝나고 나서 보조요원은 피실험자에게 한 가지 부탁을 한다. 가방에서 보고서를 꺼내 자신의 작문 과제인데 읽어보고 평가해달라는 요청이다.

"여덟 쪽짜리 작문을 한번 읽어 보시고, 저의 주장이 논리적인지, 만약 그렇지 않다면 그 이유는 무엇인지 말씀해주실 수 있을까요? 부담스러우시겠지만 내일까지 꼭 좀 부탁을 드릴게요."

이 부탁은 사소하지 않다. 몇 달러를 기부해 달라는 부탁과는 차원이 다르다. 글의 내용을 평가하는 것도 쉽지 않지만, 과제로 작성한 재미없는 글을 읽는 것도 결코 쉬운 일이 아니기 때문이다. 대개 이러한 부탁은 아주 친한 친구에게나 가능한 일이다.

연구원들은 이 실험에 대조군을 마련해두었다. 대조군 실험도 똑같은 방식으로 진행되지만, 생일은 다르게 이야기했다. 실험 결과, 대조군의 경우에는 삼분의 일 정도의 사람들만이 요청을 수락했다. 하지만 첫번째 경우, 즉 생일이 똑같다고 이야기 한 경우에는 62퍼센트의 사람들이 요청을 수락했다. 생일이 같다는 이유만으로 두 배나 많은 사람들이 처음 만난 사람의 무리한 요구를 받아들였다.

실험은 여기서 끝나지 않는다. 마지막 실험이 하나 더 남아 있다. 마지막 실험에서 안내자는 피실험자와 또 다른 피실험자(보조요원)

가 지문 패턴이 '타입 E'로 동일하다는 말을 한다. 그리고 이 타입은 대단히 드문 것으로서, 세계적으로 2퍼센트의 사람들만이 여기에 해당한다고 설명한다(역시 거짓말이다). 그리고 보조요원은 피실험자에게 과제를 읽고 평가해달라는 부탁을 한다. 그 결과, 놀랍게도 요청을 받아들인 사람은 80퍼센트가 넘었다.

이름과 생일이 같은 사람에게 관심을 보이는 것이 뭐가 특별한 일이냐고 반문하는 사람들도 있을 것이다. 하지만 아주 사소한 유사성이 사람들의 판단과 행동에 큰 영향을 미친다는 사실은 간과해서는 안 될 중요한 발견이다. 지문 패턴이 같다는 이유만으로 사람들은 일종의 소속감을 느꼈다. 바로 이 때문에 대부분의 사람들이 상대방의 무리한 요청을 너그럽게 받아들일 수 있었다.

지금까지 소개했던 실험에서 피실험자와 보조요원들의 관계는 모두 일회적이었다. 하지만 우리가 살아가는 현실은 다르다. 그렇기 때문에 유사성의 힘은 실험의 상황보다 현실에서 더 큰 위력을 발휘한다. 켈리 커플이 그랬다. 이름의 유사성은 사랑으로, 그리고 결국 결혼으로 이어졌다.

시간이 지나도
공통점은 변하지 않는다

위스콘신매디슨대학의 압샬롬 카스피(Avshalom Caspi) 교수, 그리

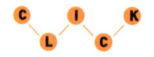

고 하버드대학과 캘리포니아 리버사이드대학의 연구원들로 구성된 연구팀은 2~30대 커플 300쌍을 대상으로 설문조사를 실시하여 관계의 특성을 분석해보았다.[5] 많은 커플들이 비교적 많은 공통점을 공유하고 있었다.

카스피 연구팀은 이 커플들을 오랫동안 추적했다. 시간이 흐르는 동안 이 커플들이 가지고 있던 공통점들이 어떻게 바뀌는지 알아보기 위해서였다. 잠깐 상상해보자. 길을 걷고 있는데 고등학교 시절 단짝 친구를 우연히 만난다. 두 사람은 친구들과 선생님 소식, 그리고 지금까지 살아온 이야기들을 주고받는다. 하지만 두 시간 정도 이야기를 나누고 나니, 예전만큼 그 친구와 공통점이 없다는 생각이 든다. 오랜 세월 서로 다른 삶을 살아가는 동안, 여러분과 친구는 서로 다른 생각과 취향을 갖게 된 것이다. 켈리 커플 역시 마찬가지다. 지금은 함께 스쿠버 다이빙을 즐기고 있지만, 앞으로 10년, 그리고 20년 후에는 다른 모습을 하고 있을 것이라고 예상하는 게 일반적이다.

하지만 오랜 시간 커플들을 추적하는 동안 카스피 연구팀은 이상한 점을 발견했다. 커플들의 공통점이 오랜 세월이 흐른 뒤에도 변하지 않았다는 점이다. 20년이 흐른 뒤에도 종교, 정치, 음악, 미술 분야에서 공통점의 종류와 강도는 예전과 비슷한 수준을 유지하고 있었다. 어떻게 이런 일이 가능한 것일까?

지문 패턴이 똑같다고 말했던 실험의 경우, 피실험자가 느낀 동질감은 순간적으로는 강했지만 아마도 한 달을 넘기지 못하고 잊혀졌을 것이다. 하지만 같은 집에 살면서 아이들을 함께 키우고, 좋은 시절과 힘든 시절을 함께 겪었던 부부의 삶은 이와 다르다. 부부들은 오랜 시간 인생을 함께 나누면서 상대방을 인그룹 일원으로 바라보고, 계속해서 그 인그룹 상태를 발전시켜 나가기 때문이다.

지금까지 우리가 살펴본 클릭촉진제들은 새로운 사람들을 만날 때마다 나타나는 보이지 않는 장벽을 허무는 역할을 한다. 취약성을 드러내는 시도는 상대방의 경계를 늦추어 편안하게 다가오도록 만들고, 지리적 근접성은 무의식적인 차원에서 다른 사람들과는 다른 특별한 존재로 상대방을 바라보게 만든다. 지리적 근접성은 곧 감정적 근접성이기도 하다. 가까이 있을수록 우리는 더 쉽게 친밀감을 느끼게 되고, 한번 친밀감이 형성되면 상대방을 전혀 다른 눈으로 바라본다. 유사성은 상대방을 인그룹의 일원으로 인정함으로써 급속하게 관계를 형성하는 힘이 있다.

하지만 지금까지 우리는 한정된 공간에서만 클릭촉진제의 역할을 살펴보았다. 그렇다면 해변에 앉아 있거나 공연장에 들어가기 위해 줄을 서 있는 경우에 나타나는 클릭의 순간은 어떻게 설명할 수 있을까? 그리고 개강 첫 날과 같은 특별한 시점에 클릭의 순간이 나타나는 이유는 무엇일까?

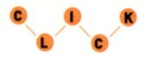

 다음 장에서는 주변에 있는 사람들, 그리고 우리를 둘러싼 세상 모두와 클릭을 나누는 과정에 대해 살펴보기로 한다.

마법 같은 상태
Magical state

신속한 친밀감
Quick-set intimacy

상호간의 상승효과
Personal elevation

클릭의 순간
Clicking

클릭촉진제 Click Accelerators

취약성 Vulnerability
    형식적 표현 Phatic
    객관적 표현 Factual
    주관적 표현 Evaluative
    감정을 드러내는 표현 Gut-level
    피크 표현 Peak

근접성 Proximity
    기하급수적 매력 증가 Exponential Attraction
    자연적 의사소통 Spontaneous communication
    수동적 접촉 Passive contacts

공감대 Resonance
    몰입 Flow
    존재감 Presence

유사성 Similarity
    질보다 양 Quantity over quality
    인그룹 In-group
    장기적 효과 Long-lasting effect

7

다섯번째
클릭촉진제
– 소속감

인디언의
스웨트라지 의식,
참전군인의 연대감
그리고
LA키부츠

우리는 키카푸족과 색앤폭스 족의 피를 물려받은 아메리카 원주민 프레드 와페파(Fred Wahpepah) 씨를 캘리포니아 엘세리토의 한 식당에서 만날 수 있었다. 옥색 목걸이에 긴 꽁지머리를 한 와페파는 오클라호마에서 자랐으며 한국전쟁에 참여한 경력도 있다.

그는 오클라호마 지역의 조선소에서 일을 하고 있지만 어렵게 발견한 자신의 뿌리를 잊지 않고 있다. 와페파는 많은 인디언들이 전통을 버리고 세상과 타협하며 살아가고 있다고 말한다.

"대부분이 뿌리를 잊어버리고 있죠."

와페파 역시 예전에는 그런 인디언들 중 하나였다고 한다. 현재 79세의 와페파가 뿌리에 대해 관심을 갖기 시작한 것은 지금으로부터 약 30년 전이다. 그 이후로 지금까지 와페파는 원주민과 관광객들을 상대로 매주 '스웨트라지(sweat lodge)' 의식을 거행하는 역할을 맡고 있다. 스웨트라지 의식이란 아메리카 대륙의 원주민들인 나바호, 나스파키, 크리 등 다양한 부족을 통해 내려오고 있는

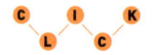

인디언들의 종교의식이다. 와페파는 스웨트라지에 대해 이렇게 설명한다.

"꼭 종교적인 차원에서 의식에 참여해야 하는 것은 아닙니다. 단지 열린 마음으로 우리의 의식을 존중해주기만 하면 됩니다."

스웨트라지 의식을 치르는 사람들은 우선 둥그런 지붕의 오두막으로 들어간다. 오두막은 나뭇가지를 휘어서 만든 기본 뼈대에다가 두꺼운 담요를 덮어서 만든다. 그래서 안쪽으로는 빛이 거의 들어오지 않는다. 오두막 바로 옆에 구덩이를 파서 불을 지피고, 거기에 돌멩이를 집어넣어 뜨겁게 달군다. 돌멩이들이 완전히 달구어지면 제사장이 이를 오두막 안으로 집어넣고 그 위에 물을 붓는다. 그러면 수증기가 순식간에 오두막을 가득 채운다.

"의식의 가장 중요한 단계입니다. 그 순간 오두막 내부는 신성한 공간이 됩니다."

그 속에서 사람들은 땀을 뻘뻘 흘리며 30분 정도 그대로 앉아 있어야 한다. 엄청난 습기와 열기 때문에 상당히 고통스럽다. 힘든 경험이기는 하지만, 이를 통해 참여자들은 소중한 무언가를 배우게 된다. 스웨트라지 의식은 수백 년 동안 똑같은 형태로 이어져 내려오고 있다. 아메리카 원주민들은 이 의식을 통해 몸과 마음을 깨끗이 하고, 질병을 치료하고, 영혼을 성숙시킨다. 여기에 중요한 한 가지 기능이 더 있다. 이 의식은 구성원들 간의 관계를 더욱 탄탄하게 만들어준다. 와페파는 이런 이야기를 들려주었다.

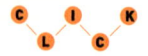

"얼마 전 제 친구 한 명이 스웨트라지에서 한 여성을 만났어요. 처음 본 사이였는데도 두 사람은 오두막 안에서 뭔가에 홀린 듯 끌렸다고 합니다. 이후 두 사람은 가까운 친구가 되었다가 곧 연인으로 발전했죠. 함께 오두막에 있었던 사람들 모두 마법의 순간을 지켜보았죠."

그 의식의 어떤 부분이 그 두 사람을 연인으로 만들었을까? 스웨트라지 오두막은 그리 로맨틱한 장소가 아니다. 하지만 와페파가 지적했듯이 오두막이라는 '신성한 공간'이 신속한 친밀감을 만들어내는 과정에 크게 기여한 것으로 보인다. 여기서 우리는 다섯번째 클릭촉진제를 발견하게 된다. 그것은 바로 클릭의 순간을 만들어내는 환경적 요인 소속감이다.

그동안 한국에서 무슨 일이 있었나?

사람들을 하나로 뭉치게 만드는 스웨트라지의 놀라운 힘은, 정신과 의사인 제럴드 클러만(Gerald Klerman)과 심리학자인 미르나 바이스만(Myrna Weissman) 두 사람이 〈미국의학협회 잡지(Journal of the American Medical Association)〉를 통해 발표한 논문에 실린 수수께끼와도 관련이 있다. 클러만과 바이스만은 제2차 세계대전 후 수십 년에 걸쳐 사회적인 문제들을 연구했다.[1] 두 사람은 한국이나 푸에르토리코와 비교해서 미국, 스웨덴, 독일, 캐나다, 뉴질랜드 등 선진국에서 우울증 발병이 급격히 증가했다는 사실을 발견했다.

클러만과 바이스만의 이러한 주장은 이후 다양한 연구를 통해 뒷받침되었다. 전후 선진국에서는 우울증 발병이 기하급수적으로 증가한 것은 물론, 우울증에 걸리는 연령대도 계속 아래로 내려가고 있었다. 이러한 현상은 실로 충격적인 것이었다. 선진국가들의 물질적 여건이 제2차 세계대전 후에 지속적으로 발전해왔다는 데 이의를 제기할 사람은 아무도 없을 것이기 때문이다.

1956년경 미국인들의 절반 이상은 임금이 비교적 높은 화이트컬러 직종에 종사하고 있었다. 유아사망률은 크게 떨어졌고, 의료 및 영양공급 수준은 꾸준히 개선되었다. 의료기술의 발달로 인간의 삶은 양과 질에서 모두 높아졌다.

한편으로 선진국과 개발도상국의 생활 격차는 점점 더 벌어졌다. 1960년대 미국과 한국을 한번 비교해보자. 당시 미국인들의 일인당 국민소득은 13,414달러였으며, 한국은 그 십분의 일에도 미치지 못했다. 천명 당 자동차 대수를 놓고 볼 때, 미국은 400대였던 반면, 한국은 1대에 불과했다. 평균 수명은 미국이 70세였고, 한국은 55세였다. 유아사망률은 한국이 미국보다 세 배나 높았다. 하지만 아이러니하게도 우울증은 미국이 훨씬 더 심각했다.

그리고 1970년대에 접어들면서 한국은 놀라운 경제성장을 이룩

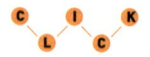

했다. 이에 따라 평균수명도 늘어났다. 천 명당 자동차 대수는 현재 293대까지 성장했다. 유아사망률은 미국보다 더 낮다. 현재 천 명당 유아사망 건수는 미국이 6.3명이고, 한국은 4.1명이다. 한국인의 평균 수명인 79세 역시 미국의 78세를 앞지르고 있다.

  이러한 수치들만 놓고 본다면 한국 사회는 크게 발전했다. 하지만 우울증도 동시에 증가했다. 2005년을 기준으로 인구 십만 명당 자살 건수는 24.7명에 이른다. 이는 세계적으로 대단히 높은 수치다. 1985년만 하더라도 한국인의 자살 건수는 십만 명당 9.1명에 불과했다. 한국 사회가 경제적으로 성장하던 20년 동안 자살률은 세 배가 증가한 셈이다.

  그렇다면 그동안 한국에서 무슨 일이 일어났던 것일까?[2] 한 온라인 사이트에 올라온 글은 한국 사회의 암울함을 적나라하게 보여준다.

  "왜 살고 있는지 모르겠어요. 제 인생은 아무런 의미가 없다는 생각이 들어요. 아마 내가 죽어도 아무도 신경 쓰지 않을 거예요… 우리 부모님조차도요. 더 이상 살고 싶은 생각이 없어요. 제게 자살하는 방법 좀 알려주세요."

  더욱 충격적인 것은 이 글을 쓴 사람이 초등학교 6학년생이라는 사실이다. 클러만과 바이스만이 지적한 대로, 경제발전을 이룩해나가는 동안 한국은 서구 국가들에서 드러났던 산업화 패턴의 전철을 고스란히 따라가고 있다. 산업화가 진행되면서 우울증과 자살률은 그만큼 높아지고 있다. 분명 산업화 속의 무언가가 사람들을 불행하게 만들고 있다.

 물론 산업화 자체가 원인은 아닐 것이다. 세탁기가 좋아졌다고 사람들이 불행해지는 것은 아니다. 하지만 전문가들은 산업화와 우울증 사이에 강력한 인과관계가 있다고 확신한다. 그렇다면 산업화의 어떤 요소가 사회적인 우울증을 만들어내는 것일까?

 이 질문에 대답하기 위해, 국가별로 비교 작업이 의미가 있을 듯하다. 산업화의 정도와 상관없이, 한국과 미국은 문화적으로 아주 다른 사회다. 그리고 1960년대 한국은 2000년대의 한국과는 아주 다른 모습을 하고 있었다. 국가라는 사회는 고도로 복잡한 시스템이기 때문에 무엇이 사회적인 우울증을 일으키는지 딱 꼬집어 이야기할 수는 없다. 하지만 다양한 연구 자료에 의하면, 대부분의 국가들에서 우울증 증가 추세가 산업화의 단계에 따라 비슷한 형태로 나타나고 있다고 한다.

 가령 일본을 예로 들어보자. 일본은 서구문화와 전통문화가 공존하고 있는 사회다.[3] 지치(自治)대학의 의대 연구원들은 일본인들을 문화적 규범과 역사적 가치관을 기준으로 두 그룹으로 나누었다. 첫번째 그룹은 화이트컬러 직종으로서 관리 및 전문적인 분야에 종사하는 사람들이고, 두번째 그룹은 블루컬러 직종으로서 농사나 기술 분야에 종사하는 사람들이다. 두 그룹은 같은 시간과 공간 속에서 살고 있지만, 각기 다른 모습으로 살아가고 있다. 두 그룹은

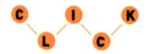

특히 우울증 발병에 있어 큰 차이를 드러낸다. 블루컬러 그룹에 비해 화이트컬러 그룹의 일본인들이 우울증으로 더욱 심각하게 고통을 겪고 있었다.

산업화의 반대편

사회적 환경이 구성원들의 행복에 큰 영향을 미친다는 사실을 우리는 잘 알고 있다. 구성원들을 하나로 묶고 심리적으로 안정감을 느끼도록 만드는 사회적인 환경이 바로 다섯번째 클릭촉진제의 핵심이다. 스웨트라지 오두막은 참여자들이 연대감을 느끼게 하는 환경을 제공한다.

산업화의 전반적인 패턴에 대해 생각해보자. 산업화가 진행될수록 사회는 스웨트라지 의식과는 점점 더 멀어진다. 스웨트라지 참여한 사람들은 오밀조밀 둘러앉아 이야기를 나누고, 열기와 습기를 함께 견디면서 하나 됨을 느낀다. 하지만 현대인들은 에어컨이 나오는 쾌적한 사무실 책상에 앉아 대부분의 시간을 혼자서 보낸다. 그리고 퇴근을 하고 집으로 돌아가 가족들과 함께 혹은 혼자서 아무런 말 없이 TV를 본다.

이제 산업화의 반대편을 들여다보자. 스웨트라지 참여자들은 후덥지근한 공간에서 서로 몸을 맞대고 앉아 있다. 힘든 상황을 함께 참아낸다. 사람들은 고통의 순간을 함께 나눔으로써 결속감을 느낀다.

지금보다 훨씬 더 열악했던 산업화 이전의 사회적 상황은 시민들에게 스웨트라지 오두막의 역할을 했다. 더 많은 어린이들이 죽었고, 식량은 부족했으며, 전염병은 더욱 심각했다. 근로환경도 열악했고, 전기와 급수 사정 또한 형편없었다. 하지만 이처럼 어려운 상황을 함께 이겨나가는 과정에서 사람들은 강한 심리적 결속감을 얻을 수 있었다.

직장인들은 날씨나 경제에 대한 이야기는 물론 나를 힘들게 하는 상사나 조직에 대한 불만을 털어 놓으면서 결속감을 공유한다.[4] 이러한 결속감은 직장동료 사이가 더욱 발전된 관계와 공동체 의식으로 나아가는 기반이 된다. 마찬가지로 기말시험을 함께 밤새워 준비하고, 연착된 비행기를 공항에서 함께 기다리면서 사람들은 결속감을 공유한다.

젊어서 고생은 사서도 하라

원래 고난과 역경은 우리의 의지와는 상관없이 닥쳐온다. 그러나 고난을 일부러 찾아다니는 사람들도 있다. 가령 '아웃워드 바운드(Outward Bound : 자연에서 함께 모험을 추구하는 세계적인 교육 프로그램)'가 그렇다. 아웃워드 바운드에 참가한 사람들은 다른 사람들과

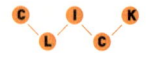

함께 어려움을 이겨나가는 과정에서 개인적인 성장을 일구어내고 결속감을 느낀다. 이 프로그램은 특히 문제가 있는 청소년들을 위해서 많이 활용된다.

행동장애가 있는 청소년들을 위한 캠핑 프로그램인 '엘리먼트 월더니스(Elements Wilderness)'를 이끌고 있는 존 캐런(John Karren)은 아이들이 낯선 환경을 함께 헤쳐 나가는 동안 깨달음을 얻는다고 말한다.[5]

"프로그램을 통해 청소년들은 일상적인 환경으로부터 벗어나게 됩니다. 일상생활에서 익숙하게 자리를 잡은 전자제품을 포함한 모든 것들로부터 잠시나마 빠져나오는 자유를 누릴 수 있습니다."

엘리먼트 월더니스 프로그램에 참여한 청소년들은 그 동안 비디오게임, 패스트푸드, TV, 휴대전화를 일체 접할 수 없다. 아이들에게 이러한 변화는 충격적이다. 이것이 바로 아이들이 넘어야 할 첫 번째 과제이다. 캐런은 그 프로그램에 대해 이렇게 설명한다.

"우리는 매일 3에서 8킬로미터씩 등산을 합니다. 그리고 자연 속에서 소중한 깨달음을 얻습니다. 모닥불 주위에 둘러앉아 밤하늘에 반짝이는 별을 바라보고 함께 이야기를 나누는 동안 아이들은 특별한 경험을 하게 됩니다. 스스로 불을 지피고 음식을 만들어 먹으면서 아이들은 하나가 됩니다."

엘리먼트 월더니스 프로그램에서 함께 등산을 하고 음식을 만들어 먹는 경험을 통해 아이들은 친구를 사귀고 관계를 맺어 나가는 방법을 자연스럽게 터득하게 된다. 힘든 과제들을 이겨나가는 동안 아이들은 강한 소속감을 느낀다.

밴더빌트(Vanderbilt)대학의 산드라 조 윌슨(Sandra Jo Wilson)과 마크 W. 립시(Mark W. Lipsey)는 행동장애를 가진 청소년들을 위한 캠핑 프로그램의 효과에 대해 두 가지를 언급한다.[6] 첫째, 일종의 심리치료로써 장기적인 효과를 가져다준다. 둘째, 신체적으로 힘든 환경을 함께 이겨나가는 과정에서 강한 연대감을 느낀다. 윌슨과 립시의 주장에 따르면, 두번째 효과는 문제 청소년들뿐만이 아니라 모든 사람들에게 적용된다. 험한 산을 함께 오르면서 발에 물집이 잡히고, 벌레에 물리고, 잠을 못 자는 어려움을 겪으면서 사람들은 전우애와 비슷한 뜨거운 감정을 느낄 수 있다.

어려움을 함께 나누는 경험을 통해 사람들은 하나가 된다는 사실은 나바호 인디언 부족들도 잘 알고 있다.[7] 뉴멕시코 지역에 사는 나바호 인디언에게는 '알치니 비니세키스 나할즈후(Alchini Binitsekees Nahalzhooh : 아이들의 마음을 자연으로 되돌리는 치유학교)'라고 하는 일종의 청소년 프로그램이 있다. 이 프로그램은 문제 청소년들이 참석하는 스웨트라지 의식이다. 오두막이 뜨거운 수증기로 가득 차오르는 동안, 아이들은 과거에 겪었던 일들과 지금 가지고 있는 희망, 그리고 두려움에 대해 돌아가며 이야기를 나눈다. 이런 경험을 통해 아이들은 서로에게 마음의 문을 연다. 의식이 진행되면서 뜨겁게 달구어진 돌멩이을 오두막 안으로 점점 더 많이

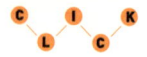

집어넣는다. 아이들은 극한의 상황을 참아내면서 함께 자부심을 느낀다. 어려움을 함께 견뎌낸 아이들은 강한 연대감을 느낀다. 그리고 타인에 대한 벽을 허물고, 강한 우정을 만드는 법을 배운다.

참전용사들간 우애의 유통기한

그렇다면 이처럼 특수한 상황에서 형성된 연대감이 얼마나 오랫동안 지속될 수 있을까? 일회적인 경험이 장기적인 관계로 발전할 수 있을까? 여러 연구 결과에 따르면, 고난의 강도가 높을수록 더욱 탄탄한 관계가 형성된다고 한다.[8]

노스캐롤라이나대학의 글렌 H. 엘더(Glen H. Elder Jr), 그리고 듀크대학의 엘리자베스 C. 클리프(Elizabeth C. Clipp)는 제2차 세계대전과 한국전쟁에 함께 참여했던 미군들을 오랫동안 추적했다. 목숨이 왔다 갔다 하는 전쟁터에 참여한 것은 등산을 하거나 스웨트라지 의식을 치르는 것보다 훨씬 가혹한 경험이다. 엘더와 클리프는 이처럼 극한의 경험을 함께 나눈 군인들을 40년 동안 따라다니며 조사했다. 세월이 흐른 지금, 당시 전투에 참여했던 사람들은 대부분 은퇴를 하고 노년을 즐기고 있다.

엘더와 클리프는 이들을 세 그룹으로 나누었다. 첫째, 실제로 전쟁에는 한 번도 참여하지 않은 사람, 둘째, 전쟁에 참여했지만 전우의 죽음을 겪지는 않은 사람, 그리고 셋째, 전쟁에 참여하여 전우의 죽음을 경험한 사람이다.

이들을 오랜 기간 조사하며 수없이 나눈 인터뷰를 분석한 결과, 두 사람은 마지막 그룹의 사람들이 가장 강한 전우애를 지키고 있다는 결론을 내렸다. 어찌 보면 당연한 결과이기는 하지만, 취사병 등 단순히 부대에 함께 복무했던 사람들보다 전투에 함께 참여했던 사람들이 분명 더욱 오랫동안 끈끈한 우애를 지키고 있었다. 그래서 엘더와 클리프는 이러한 감정이 과연 얼마나 오래 지속되는지 밝혀보고 싶었다.

두 사람은 지속적으로 관계를 유지하고 있는 전우들의 수를 연대감을 측정하는 기준으로 삼았다. 그리고 세번째 그룹의 연대감이 다른 그룹들에 비해 두 배나 더 높은 것으로 나타났다. 그들은 두 배나 더 많은 모임을 가지고 있었다. 이에 대해 두 사람은 이렇게 설명한다.

"전우의 죽음은 아마도 가장 가슴 아픈 경험이었을 겁니다. 당시의 고통이 아직까지도 그들의 관계를 유지시켜주고 있는 원동력입니다."

교육 수준이나 성격과 같은 요인을 감안한다고 하더라도, 그룹들 간의 연대감 수치는 아주 큰 차이를 보이고 있었다. 이들은 삶과 죽음의 경계를 넘나드는 경험을 바탕으로 강력한 연대감을 공유하고 있다. 여기서 중요한 것은 어떤 전투에 참여했느냐가 아니

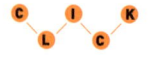

라, 전쟁을 함께 치렀다는 사실 자체다. 함께 전투에 참여했었다는 사실 하나만으로 그들은 강력한 연대감을 아직까지 유지해오고 있었다.

의도적이든, 아니면 우연이든 간에 힘든 고통을 함께 한다는 것은 관계형성에 커다란 영향을 미친다. 그리고 그 영향은 오랜 시간 지속된다. 열기와 습기로 가득한 스웨트라지 오두막에 함께 앉아 있었던 경험 역시 그러한 역할을 한다. 와페파는 이렇게 설명한다.

"둥그런 원을 그리고 앉아 사람들은 다른 사람들의 얼굴을 그대로 마주합니다. 그들의 말을 듣고, 그들을 이해하면서 특별한 관계를 형성합니다. 힘든 경험을 함께하는 과정에서 우리는 상대방을 있는 그대로 받아들일 수 있습니다. 때로는 아이처럼 우는 사람도 있습니다. 스웨트라지 의식 속에는 그만큼 놀라운 힘이 숨어 있습니다. 모두 하나 됨을 느낍니다."

밀폐된 공간에 앉아 있는 경험의 위력은 대단하다. 밀폐된 공간은 내부와 외부를 완전히 단절된 두 세계로 나누기 때문이다. 심리학자들은 이러한 단절을 '프레임(frame)'이라는 용어로 설명한다.

고통을 공유하는 것과 함께 프레임은 환경적 요소에 해당한다. 빛이 거의 들어오지 않는 스웨트라지 오두막은 세상을 두 개로 나눈다. 자신이 속해 있는 내부의 세상과, 그리고 멀리 떨어져 있는 외부의 세상. 오두막에서 일어나는 모든 일은 거기에 참여한 사람들에게 특별한 의미가 있다. 누가 우리이고, 누가 외부인인지 스웨트라지 의식에서는 뚜렷하게 드러난다.

이제 여러분의 클릭의 순간을 떠올려보자. 그때의 주변 상황이 기억나는가? 가령 대학에 입학하여 처음으로 새 친구를 만났던 때를 생각해보자. 대학 입학 역시 한 세계를 떠나 다른 세계로 들어가는 순간이다. 이러한 관점에서 입학은 하나의 프레임과 같은 역할을 한다. 여기서도 내부자(학생과 교수들)와 외부자가 분명하게 드러난다. 그리고 학생들은 내부자와 특별한 연대감을 공유한다.

텍사스의 비공식 이스라엘 대사관

1984년, 우리 형제는 프레임을 직접 체험할 수 있었다. 그 해 우리 가족은 이스라엘 텔아비브를 떠나 미국 텍사스 엘파소로 이민을 왔다. 이삿짐을 채 풀기도 전에 우리는 '비공식 이스라엘 대사관'으로부터 방문 요청을 받았다. 비공식적 대사관이라는 곳은 히브리 학교에서 교사로 근무하고 있는 나단과 그의 아내 쇼샤나가 사는 집이다. 나단의 집은 새로 이민을 온 유대인들을 맞이하기 위해 언제나 활짝 열려 있었다. 아무런 연락 없이 그냥 찾아가도 된다. 나단의 집은 그 지역에 사는 유대인들이 거쳐 가는 관문과도 같은 곳이다. 나단과 쇼샤나는 그곳에서 항상 새로운 얼굴을 맞이한다.

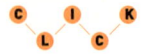

나단의 집으로 들어서면서 우리는 엘파소에서 다시 텔아비브로 넘어가는 느낌이 들었다. 거실에는 붉은 카펫이 깔려 있고, 탁자를 중심으로 소파들이 삼각형을 그리고 있다. 그리고 손님들을 위한 다과들이 항상 놓여 있다. 거기 모인 사람들은 엘파소의 문화적 특성으로부터 정치적인 토론, 그리고 개인적인 경험과 최근에 발생한 사건에 이르기까지 다양한 주제로 이야기를 나눈다. 당시 꼬마에 불과했던 우리들은 그곳에서 큼지막한 소파 위에 앉아 신비로운 세계를 바라보고 있었다. 그 집은 이스라엘도 아니고, 그렇다고 엘파소도 아닌 제3의 세계였다.

나단의 집은 이스라엘 이민자들에게 스웨트라지와 같은 역할을 한다. 그 속에 들어서면 외부 세계와 격리된 특별한 공동체의 느낌이 든다. 우리 부모님은 거기서 처음 만났던 사람들과 아직까지도 연락을 주고받는다. 나단의 집이 이처럼 특별한 공간이 될 수 있었던 것은 단지 나단이 친절하거나 모두가 이스라엘 사람이어서 만은 아니다. 그곳에서는 모두가 '클럽'의 일원이 되기 때문이다. 나단의 집으로 발을 들여놓는 순간, 여기서는 사람들과 특별한 관계를 맺을 수 있겠다는 생각이 든다. 이러한 느낌 때문에 사람들은 자연스럽게 경계심을 허물어뜨리고 모두를 가족처럼 대한다.

소속감은 지금까지 우리가 살펴보았던 클릭촉진제들의 효과를 강화하는 환경적 요인이다. 격리된 공간은 사람들이 더욱 가까이 다가서도록 만든다. 그리고 자연스럽게 공동체 의식을 심어준다.

이민 생활의 어려움과 함께 나단의 집이라는 공간은 여기서 강력한 환경적 요인으로 작용한다.

LA 키부츠

텔아비브대학 교수인 나암마 사바(Naama Sabar)는 이스라엘의 키부츠 공동체에 대해 오랜 기간에 걸쳐 연구를 했다. 이스라엘의 키부츠 운동은 시오니즘(유대인들이 고국 팔레스타인에 유대 민족국가를 건설하는 것을 목표로 한 유대민족주의 운동)을 이념으로 탄생했다. 그러나 공동체 생활에 회의를 품은 사람들이 나타나기 시작하면서 조금씩 무너지기 시작했고 1990년대에 많은 사람들이 해외로 이민을 떠났다.[9] 일반적인 이스라엘 사람들에 비해, 키부츠 사람들은 두 배나 더 많이 이민을 떠난 것으로 밝혀졌다.

이민을 떠난 키부츠 사람들에게 무슨 일이 벌어졌을까? 사바 교수는 이 점이 궁금했다. 이민은 결코 쉬운 선택이 아니다. 사바 교수는 이렇게 지적하고 있다.

"이민은 히브리어로 '예리다'라고 합니다. 이 말 속에는 추락한다는 의미도 담겨 있습니다. 즉 이민은 이스라엘 사람들에게 높은 곳에서 낮은 곳으로 내려간다는 것을 의미하기도 하죠."

사바는 LA의 산페르난도 밸리 지역에 자리를 잡은 키부츠 이민자들의 삶을 오랫동안 추적했다. 이민자들 대부분 키부츠에 있을

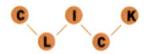

당시 서로 다른 지역에서 살았지만, 여기서는 한 마을을 이루며 살아가고 있다. 그들은 서로를 가족과 같이 느끼며 힘든 이민생활을 꾸려나가고 있다.

사바는 앨론이라고 하는 한 젊은 남자의 이야기를 우리에게 들려주었다.

"공항에 내리자마자 앨론은 자신을 마중 나온 또 다른 이민자인 아리크를 만날 수 있었습니다. 자신이 살고 있는 아파트로 가는 길에 아리크는 지역 차량국(Department of Motor Vehicles)에 들렀습니다. 거기서 앨론은 히브리어로 운전면허 시험을 보았고, 쉽게 합격을 할 수 있었죠. 시험을 보는 동안에 아리크로부터 많은 도움을 받을 수 있었고요."

차량국을 나온 두 사람은 이스라엘 이민자들이 운영하는 중고차 매장으로 가서 차를 골랐다. 다음으로 아리크는 또 다시 이스라엘 사람이 운영하는 한 회사에 들러 앨론에게 일자리까지 소개시켜 주었다.

"이렇게 앨론은 이민 첫 날에 운전면허를 따고, 자동차를 사고, 직장까지 잡을 수 있었습니다. 영어를 쓸 일이 없었죠. 이는 모두 자신보다 먼저 미국 땅을 밟은 키부츠 선배들 덕분이었습니다."

그날 밤 앨론은 공동체의 '고참' 멤버들을 만났다. 그들은 앨론에게 미국이라고 하는 새로운 세상을 헤쳐나갈 수 있는 비법들을 친절하게 전수해주었다. 이들 키부츠 이민자들은 모두 공동체 생활에 염증을 느끼고 과감하게 고향을 떠난 사람들이다. 하지만 아이러니하게도 머나먼 이국땅에서 또 다시 키부츠와 같은 공동체를 꾸미며 살아가고 있다.

사바는 이 공동체를 'LA키부츠'라고 부르고 있다. 공동체 모임에 나가보면 자욱한 담배 연기 사이로(대부분 애연가들이다) 키부츠 전통 복장을 입고, 키부츠 식으로 먹고 마시면서 독특한 이스라엘 사투리를 구사하는 사람들을 볼 수 있다. 사바 교수는 말한다.

"인터뷰를 했던 사람들 중 85퍼센트가 자유와 사생활을 위해 키부츠를 떠났습니다. 하지만 이상하게도 그들은 또 다시 키부츠를 건설하고 있습니다."

하지만 클릭의 순간이라는 입장에서 바라본다면 그리 이상한 것이 아니다. 고국에 있는 동안 그들은 분명 키부츠 공동생활에서 많은 불만을 느꼈다. 그리고 자유와 행복을 위해 스스로 그곳을 떠나왔다. 하지만 이제 그들은 머나먼 땅에서 이민자로서 어려운 삶을 헤쳐 나가야 한다. LA키부츠는 낯선 상황에 놓인 이스라엘 이민자들에게 사회적 네트워크의 역할을 하고 있다. 이민자들은 여기서 일자리를 얻고, 자동차를 사고, 유용한 지식들을 공유한다. 그 과정에서 그들은 자연스럽게 강한 소속감을 느끼게 된다. 그들의 소속감은 전쟁터에 참여했던 전우들의 동지애와도 비슷하다.

LA키부츠는 대부분 자급자족의 방식으로 운영된다. 구성원들은 여기서 그들이 가장 필요로 하는 심리적인 안정감을 얻는다. 선배

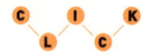

들은 후배들에게 위안과 용기를 준다.

"드보르카, 걱정 말아요. 저도 처음에는 무작정 넘어 왔어요. 하지만 여기서 새로운 가능성을 발견했답니다. 그건 바로 여기에 살고 있는 좋은 사람들이죠. 그들의 도움이 없었더라면 저도 오랫동안 버티지 못했을 겁니다."

공동체 모임에 참석한 이민자들은 저마다 다양한 고충을 털어놓는다. 미국이라는 사회는 이민자들에게 결코 만만한 곳이 아니다. 아무리 집을 잘 꾸며놓아도 고향만큼 편안함을 느낄 수는 없다. 자녀 교육도 쉽지 않다. 그런 상황에서 LA키부츠는 구성원들에게 함께 모여 어려움을 토로할 수 있는 울타리가 되어준다. 이러한 차원에서 LA키부츠는 이민자를 끌어당기는 자석과 같은 역할을 하고 있다. 공동체 모임을 통해 키부츠 이민자들은 이국 땅에서 겪고 있는 수많은 어려움을 의미 있는 경험으로 승화시킨다. 외부에서는 함부로 표현하지 못하는 생각들을 여기서만큼은 자유롭게 드러낼 수 있다.

스웨트라지와 LA키부츠는 개인이 스스로의 한계를 뛰어 넘어 더 큰 존재의 일부가 되고자 하는 소망의 산물이다. 이를 통해 사람들은 보다 넓은 세계를 만난다. 오늘을 살아가는 현대인들 역시 모두 이러한 느낌을 갈망하고 있다.

실패 경험의 공유가
비즈니스 협력으로 이어지다

9·11 테러가 일어나고 나서 오리 브래프먼은 사회적으로 기여를 희망하는 CEO들을 연결하는 일을 추진했다. 비즈니스는 물론 종교 분야에 이르기까지 다양한 활동을 하고 있는 CEO들이 미국인들이 받은 상처를 치유하는 과정에 참여하고자 하였다. 오리는 그들의 노력을 하나로 집중시킬 수 있는 방법을 모색했다. CEO들은 대부분 기부 프로그램에 많은 관심을 보였다. 하지만 이들 자원을 하나로 끌어 모으는 일은 오리에게 크나 큰 도전과제였다. 그 모임을 어떤 방향으로 이끌고 나가야 할지 어느 누구도 대안을 제시하지 못하고 있었다. 항상 지시를 내리는 데 익숙한 CEO들로부터 자연스럽게 협력을 이끌어내기가 쉽지 않았다.

고심 끝에 오리는 공동체 조직을 만들기로 했다. CEO들에게는 분명 색다른 경험이 될 것이었다. 오리는 모임에서 가능한 비즈니스 색채를 없애버리기로 했다. 그래서 프레젠테이션이나 회의와 같은 형식적인 절차도 생략했다. 모임을 위한 구체적인 주제나 실천방안도 따로 정하지 않았다. 또한 거대한 컨퍼런스룸 대신, 작은 호텔방에서 첫 모임을 가졌다. 이는 보다 편안하고 친밀한 분위기를 조성하려는 생각에서였다. 이를 통해 오리는 CEO들에게 대단히 특별한 경험을 느끼게 해주고 싶었다.

첫 날 자기소개를 하는 자리에서 오리는 CEO들에게 살아오는

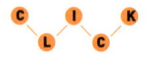

동안 겪었던 최고의 순간과 최악의 순간에 대해 이야기해달라고 했다. 그리고 이 모임의 목적은 각자 어떤 비즈니스를 하고 있는지 소개하는 것이 아니라, 인간적인 관계를 형성하기 위한 것이라고 미리 밝혀두었다.

CEO들이 한 명씩 차례로 자기소개를 시작했다. 최고의 순간을 이야기하는 것은 그다지 어렵지 않았다. 대부분 주식공개를 했던 첫 날, 첫 아이가 태어났을 때, 언론과 인터뷰를 했을 때 등을 꼽았다. 하지만 오리는 CEO들이 과연 최악의 순간을 말할 수 있을지 걱정이 되었다. 처음 본 사람이 대뜸 인생 최악의 경험을 들려달라고 한다면, 여러분은 쉽게 이야기할 수 있겠는가?

자신의 약점을 드러내는 것은 서로 충분한 신뢰가 있을 때 가능한 일이다. 하지만 오리의 걱정은 기우에 불과했다. 사람들은 조금씩 개인적인 문제를 털어놓기 시작했다. 첫 날 모임에서 그들은 마치 LA키부츠 이민자들처럼 깊은 대화를 나누었다. 지금까지 전혀 다른 분야에서 일을 해왔던 CEO들이 첫번째 모임을 통해 서로에게 깊은 신뢰와 소속감을 느끼고 있었다. 한 CEO는 옆 사람을 쳐다보며 이렇게 말했다.

"모임에 오기 전에 이렇게 개인적인 이야기를 나눌 수 있으리라고는 전혀 예상하지 못했습니다. 하지만 이제 비즈니스 관계를 넘어 서로를 이해하고 있다는 느낌이 듭니다."

이후 이 모임은 오리의 도움을 필요하지 않을 정도로 성장했다.

일부 CEO들이 나서서 스스로 모임을 이끌어가기 시작했다. 원래 이 모임의 목적은 형식적인 회의나 보고는 최소화하고, 친밀한 관계 속에서 사적인 이야기를 나누는 것이었다. 그에 맞게 CEO들은 모임을 통해 특별한 관계를 지속했다. 그 결과 남아시아 적대국들 사이에서 국경개방 정책을 조율하거나, 아프리카 구호활동 기금을 마련하기도 하는 등의 놀라운 성과가 이루어졌다. 이는 구성원들 사이의 강한 신뢰와 소속감 때문에 가능한 일이었다.

직원에게 소속감을 느끼게 하라

신뢰와 소속감은 단지 인간관계를 돈독하게 만드는 것으로 끝나지 않는다. 이는 개개인의 행복도 높여준다. 오늘날 직장인들은 예전보다 우울증과 자살의 위험에 더 많이 노출되어 있지만, 그래도 구성원들 개인의 행복에 많은 관심을 가지고 있는 기업들도 있다.[10] 이러한 노력은 높은 연봉이나 복리혜택만으로 이루어지는 것은 아니다. 2000~2003년 동안 한 핀란드 조사단체는 직장인 수천 명을 대상으로 설문조사를 실시했다. 그 결과에 따르면, 직장에서 소속감을 느끼고 있다고 답한 사람들이 심리적으로 훨씬 건강한 삶을 살고 있는 것으로 나타났다. 또한 상사나 동료로부터 신뢰를 얻고 있다고 생각하는 직장인들이 우울증에 더욱 잘 대처하고 있었다.

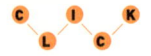

이는 항우울제 복용 실태에서도 분명하게 드러났다.

여기서 우리가 관심을 가져야 할 대목은 여러 가지 노력을 통한다면 업무환경을 보다 건강하게 만들 수 있다는 사실이다. 오늘날 기업들은 어려운 상황을 함께 극복하는 과정을 통해 소속감을 높이고 동기를 부여할 수 있다는 사실을 분명히 이해해야 한다. 그러한 경험은 결코 일회적인 사건으로 끝나지 않는다. 사무실에서 스웨트라지 의식을 할 수는 없겠지만, 이러한 역할을 할 수 있는 다양한 프로그램을 모색해보아야 한다.

지금까지 살펴보았던 취약성, 근접성, 공감대, 유사성, 소속감이라고 하는 다섯 가지 클릭촉진제 모두는 강한 인간관계를 신속하게 형성하도록 만들어준다. 용감하게 자신의 약점을 드러냄으로써, 그리고 다른 사람들과 더 가까이 있음으로써 우리는 친밀한 관계를 재빨리 만들어낼 수 있다. 그런데 우리 주변에는 이 다섯 가지 클릭촉진제를 본능적으로 잘 활용하는 사람들이 있다. 그들의 비결은 과연 무엇일까? 남들보다 더욱 자연스럽게 클릭촉진제를 사용하는 사람들의 사례에 대해서는 다음 장에서 자세하게 살펴보도록 하자.

▶ 클릭의 순간
Clicking

마법 같은 상태
Magical state

신속한 친밀감
Quick-set intimacy

상호간의 상승효과
Personal elevation

클릭촉진제 Click Accelerators
취약성 Vulnerability
- 형식적 표현 Phatic
- 객관적 표현 Factual
- 주관적 표현 Evaluative
- 감정을 드러내는 표현 Gut-level
- 피크 표현 Peak

근접성 Proximity
- 기하급수적 매력 증가 Exponential Attraction
- 자연적 의사소통 Spontaneous communication
- 수동적 접촉 Passive contacts

공감대 Resonance
- 몰입 Flow
- 존재감 Presence

유사성 Similarity
- 질보다 양 Quantity over quality
- 인그룹 In-group
- 장기적 효과 Long-lasting effect

소속감 Safe Place
- 공동의 고난 Joint adversity
- 프레임 Frame

8
클릭을
더 잘 일으키는
셀프모니터링 수준

스스로를
잘 아는 사람이
다른 사람들과도
잘 통한다

어느 이른 봄날, 디나 캐플런(Dina Kaplan)의 우편함은 여기저기서 날아드는 청첩장들로 넘쳐나기 시작했다. 아무리 바쁘게 돌아다녀도 이들 결혼식 모두에 참석하기는 불가능해 보인다. 뉴욕에서 온라인 미디어 업체를 운영하고 있는 30대 여성 캐플런은 청첩장을 하나씩 열어 본다. 오랜 친구로부터 온 것도 있었지만, 대부분 모임에서 한두 번밖에 본 일이 없는 사람들로부터 온 것들이다.

언제나 이맘때면 캐플런은 결혼식에 돌아다니느라 정신이 없다. 이는 그녀의 탁월한 사교성 덕분이다. 캐플런은 하루에도 서너 명의 새로운 친구를 사귄다. 파티에 가면 항상 분주하게 사람들 사이를 헤집고 돌아다닌다. 물론 한 사람과 나누는 대화시간은 아주 짧다. 하지만 그 짧은 순간에도 캐플런은 상대방에게 강한 인상을 남긴다. 어느 모임에서나 그녀는 사람들의 주목을 받는다. 그녀가 만나는 사람들은 놀라우리만치 다양하다. 사진가에게 안부를 전하고, 방송 프로듀서와 농담을 나누고, 방금 소개받은 인사부 담당자

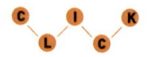

와 커피 약속을 잡는다. 최근 활동하고 있는 사교모임에 대해 그녀는 이렇게 이야기한다.

"처음 본 사람들과도 금방 친해져요. 200명 정도가 모인 컨퍼런스나 파티장에서 쉬지 않고 새로운 사람들과 인사를 나누죠. 적어도 한꺼번에 수십 명의 새로운 사람들을 만납니다. 저는 순식간에 사람들과 가까워져요. 물론 상대방도 그렇게 느낄 겁니다. 그 순간에는 아무런 말이 필요 없어요. 제겐 아주 일상적인 일이죠."

과연 그럴까? 클릭의 순간이 그렇게 자주 일어날 수 있을까? 혹시 특별한 모임만 골라 가는 것이 아닐까? 사실 클릭의 순간은 아주 드물게 일어난다. 예전에 경험했던 클릭의 순간을 떠올려본다면, 그리고 우연한 만남으로 시작해서 지금까지 이어져 오고 있는 관계들이 얼마나 되는지 생각해본다면 그건 분명하다. 그래서 우리는 캐플런에게 어떻게 하면 그렇게 빨리 새로운 사람들과 친해질 수 있는지 물어보았다. 하지만 우리의 질문에 그녀는 당황스런 표정을 지었다.

"모두들 그렇게 하지 않나요?"

캐플런은 말한다.

"그건 누구나 다 가지고 있는 능력이에요. 저는 다만 더 많은 사람들을 만날 뿐이죠. 저는 그리 특별한 사람이 아니랍니다."

하지만 우리의 눈에 그녀는 너무나 특별해 보인다. 처음 만나자마자 사람들과 자연스럽게 이야기를 나누는 능력은 분명 누구나 발휘할 수 있는 것이 아니다.

  지금까지 우리는 다양한 모임이나 활동에서 클릭의 순간을 만들어내는 다섯 가지 촉진제에 대해 살펴보았다. 캐플런의 경우와 같이 일부 사람들은 분명 이러한 촉진제들을 더욱 능숙하게 활용하고 있다. 그녀는 상냥하면서도 카리스마가 넘치고 대단히 매력적인 여성이다. 아마 그녀의 수려한 외모와 활달한 성격도 큰 도움이 되었을 것이다. 하지만 잘생기고 성격이 좋다고 해서 그녀처럼 만나는 사람들마다 클릭의 순간을 만들어낼 수 있는 것은 절대 아니다.

세계적인 모델의 조건

여기서 닐 하밀(Neal Hamil)의 이야기를 한번 들어보자. 그는 현재 엘리트 모델 매니지먼트(Elite Model Management)라는 모델 에이전시의 북미 지역을 총괄하고 있다. 이 에이전시에는 타이라 뱅크스, 지젤 번천, 신디 크로포드, 하이디 클룸, 폴리나 포리즈코바 등이 소속되어 있다. 하밀은 특히 나오미 캠벨을 발굴해 세계적인 유명세를 누리고 있다. 직업적 특성상 하밀은 여성의 미모가 사람들에게 어떤 영향을 주는지에 대해 누구보다도 잘 알고 있다.

  하밀은 항상 새로운 인재를 찾는다. 우리가 그를 만난 것은 어느

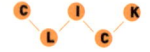

8월 말이었다. 당시 그는 뉴욕 브라이언트 파크에서 매년 열리는 패션위크(Fashion Week) 행사를 앞두고 있었다. 그날도 하밀은 너무나 바빠서 다른 스태프를 피해 이리저리 도망다니고 있었다.

"정신이 하나도 없군요. 어디 잘 안 보이는 곳으로 가서 이야기를 나눕시다. 그래도 금방 들키겠지만요."

패션위크 행사에는 유명 패션 브랜드들이 참여해 다음 시즌에 유행할 새로운 옷들을 선보인다. 이를 보기 위해 모델, 기자, 패션 관계자 등 전세계 수많은 사람들이 뉴욕을 성지순례하듯 찾는다. 이러한 무대 위에 서고 싶은 모델들만 모아도 아마 축구장 하나는 가득 찰 것이다. 하밀은 수많은 모델 중에서도 최고를 뽑아내는 탁월한 본능을 갖고 있다. 그는 단호하게 말한다.

"미인은 아름다움 그 자체여야 합니다."

그리고 뛰어난 외모가 모델의 전부라고 말하는 사람들의 잘못된 고정관념에 대해 지적한다.

"물론 우리 에이전시에 소속된 모델들 모두 키가 크고 예쁩니다. 하지만 뛰어난 외모는 훌륭한 모델이 되기 위한 하나의 조건에 불과해요. 그들을 진정한 모델로 만드는 것은 바로 개성(personality) 입니다."

카메라와 관중들의 시선을 한번에 사로잡을 수 있는 독특한 느낌이야말로 그저 그런 모델과 세계적인 모델을 구분하는 기준이다. 하밀은 개성이 없는 모델은 절대 대형 브랜드를 대표하는 세계적인 모델이 될 수 없다고 말한다.

"오늘 아침 일찍 브라질에서 한 모델이 도착했어요. 뉴욕에 처음 왔다고 하더군요. 저도 처음 만났어요. 예전에 사진으로만 잠깐 본 적이 있었죠. 우리 사무실로 들어서면서 그녀는 너무나 당당하게 '헬로'를 외치더군요."

하밀의 사무실은 언제나 예쁜 여성들로 넘쳐난다. 그럼에도 불구하고 강렬한 개성을 지닌 모델이 등장하면 모두의 시선이 집중된다.

"그 브라질 모델은 사무실에 들어오자마자 여기저기 돌아다니면서 사람들과 인사를 나누더군요. 그녀가 지나간 다음, 에이전시 관계자들은 모두 전화기를 꺼내 들고 통화를 했어요. '지금 브라질에서 대단한 모델이 왔어! 정말 대단해! 인터넷에서 한번 찾아봐. 정말 매력적인 모델이야.'"

클릭의 순간이 나타나는 과정은 어디서나 똑같다. 하밀은 이렇게 설명한다.

"특별한 개성을 가진 모델이 나타나서 갑자기 마음을 바꾸는 클라이언트들이 종종 있습니다. 모델로 성공하고 싶다면 먼저 모든 이에게 따뜻하고, 친절하고, 편안한 느낌을 줄 수 있어야 합니다."

이러한 개성은 포트폴리오 상에서는 잘 드러나지 않는다. 그래도 하밀과 같은 전문가들은 이를 곧바로 알아볼 수 있다.

"알 수 없는 일이죠. 패션쇼를 준비하면서 우리는 이미 모델들을

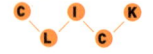

정해 놓았거든요. 그런데 그녀가 갑자기 '쾅!' 하고 나타난 거예요. 그리고는 우리 모두의 마음을 한 순간에 빼앗아버렸죠. 그녀는 앞으로도 좋은 기회들을 얼마든지 많이 잡을 수 있을 겁니다."

과연 어떠한 부분이 그녀를 돋보이게 만든 것일까? 그리고 사람들은 왜 몇 마디 나누어 보지도 않은 캐플런에게 굳이 청첩장까지 보내는 것일까? 이 질문에 대한 대답을 얻기 위해 심리학자들은 이미 한 세기가 넘도록 연구를 해왔다.

성격은 타고날까, 만들어질까?

이러한 연구의 중심에는 '인격이란 무엇인가?'라는 철학적인 질문이 놓여 있다. 한 부류의 학자들은 인격은 선천적으로 타고나는 것이라고 말한다. 그들의 주장에 따르면, 인간은 타고난 성격에 따라 행동을 한다. 충동적인 성격을 가진 사람은 가족이나 친구는 물론 처음 만난 사람들에게도 충동적으로 대한다. 하지만 다른 부류의 학자들은 인격이 선천적인 것이 아니라, 사회화를 통해 후천적으로 형성된다고 주장한다. 이들의 이론에 따르면 조건반사 실험과 마찬가지로 인간의 성격 또한 학습에 의해 형성된다. 그렇기 때문에 사람의 성격은 환경에 따라 얼마든지 다른 모습으로 변형될 수 있다. 예를 들어 할인매장에서 충동구매를 하는 사람도 주식에 투자할 때 얼마든지 신중한 모습을 보일 수 있다.

그렇다면 인간의 성격은 과연 선천적인 것인가, 아니면 자극-반응의 반복적인 경험으로 형성되는 심리적 메커니즘인가? 이 질문을 이렇게 바꾸어볼 수도 있겠다. 인간은 모든 행동을 결정하는 영혼 또는 내적 자아로 가득 찬 그릇으로 태어나는가? 아니면 다양한 조건반사의 메커니즘을 담을 수 있는 텅 빈 그릇으로 태어나는가?

심리학자들은 오랜 시간 동안 관용, 낙관, 내향성, 창조성, 충동, 공격성과 같은 항목들을 중심으로 성격에 대해 다양한 실험을 실시했다. 그리고 실험실을 떠나서 일상생활 속에서도 사람들의 행동을 관찰하려는 시도를 했다. 인간의 성격이 선천적이라고 주장하는 학자들의 이론이 옳다면, 피실험자들은 실험실과 일상생활에서 똑같은 태도를 보일 것이다. 예를 들어, 관용과 낙관적인 태도에서 높은 점수를 받은 사람들은 어떠한 상황에서나 관용적이고 낙관적으로 행동할 것이다. 하지만 개성이 후천적이라고 주장하는 진영이 옳다면, 실험실에서 받은 점수와는 상관없이 개별적인 환경에 따라 다른 태도로 행동할 것이다.

이후 수많은 실험 결과들은 어느 편의 손을 들어주었을까? 결론적으로 말하자면, 두 쪽 모두 승리하지 못했다. 많은 실험에서 성격이 행동에 큰 영향을 주는 것으로 나타났다. 하지만 그것 또한 상황에 따라 큰 차이를 보였다. 충동성에서 높은 점수를 받은 사람들은 일상생활에서도 충동적으로 의사결정을 내린다. 하지만 특정

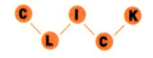

한 상황에서는 그들도 신중한 태도를 보였다. 마찬가지로 충동성 점수가 낮았던 사람들도 특정한 상황에서는 충동적으로 행동한다. 결론적으로 성격이 행동에 큰 영향을 주기는 하지만, 절대적으로 그렇지는 않다는 말이다. 환경 요인 역시 행동에 많은 영향을 미치기는 하지만, 그렇다고 해서 행동을 결정할 만큼 강력한 것은 아니다. 다시 말해 성격과 환경, 이 두 가지가 상호보완적으로 인간의 행동을 결정했다.

성격을 좌우하는 진짜 요인은 따로 있다

스탠포드대학 박사 과정의 마크 스나이더(Mark Snyder)는 위에서 언급한 두 진영들이 모두 퍼즐의 핵심 조각을 놓치고 있다는 사실을 깨달았다.[1] 그의 설명에 따르면, 어떤 부류의 사람들은 다른 사람들에 비해 보다 유동적인 성격을 지니고 있다. 가령, 성격검사에서 두 여성이 '낙관적인 성향'이라는 항목에서 동일한 점수를 받았다고 해보자. 두 여성 모두 자신의 미래에 대해 긍정적으로 바라본다. 하지만 첫번째 여성은 업무, 인간관계, 주식투자 등 다양한 분야에서 긍정적인 태도를 보이는 반면, 두번째 여성은 주변 상황에 따라 유동적인 태도를 보인다. 주변에서 많은 사람들이 해고를 당한 경우, 후자의 여성은 자신의 앞날에 대해 보다 비관적이 된다.

주변 사람들의 행동과 태도에 많은 영향을 받는 것이다. 그리고 자신의 태도와 행동이 적절한 것인지 상황에 따라 판단하고 항상 이를 수정한다. 이에 대해 스나이더는 이렇게 설명한다.

"어떤 사람들은 자신의 태도와 표현이 그 상황에서 적절한지에 대해 대단히 민감합니다. 그들은 자신의 말과 행동을 관찰하고 통제하려는 경향이 강하죠. 이러한 경향을 우리는 '셀프모니터링'이라고 부릅니다."

이 말은 특정 부류의 사람들은 주변 상황에 더 민감하게 반응하고, 자신의 행동과 이미지에 더 많이 신경을 쓴다는 뜻이다. 앞에서 살펴본 캐플런 역시 이러한 부류에 해당한다. 그녀가 처음 만난 사람과 쉽게 친해질 수 있는 이유는 분위기에 따라 자신의 말과 태도를 자연스럽게 바꿈으로써 상대방에게 편안한 느낌을 주기 때문이다. 엘리트 매니지먼트의 브라질 모델 역시 마찬가지다. 스나이더는 이러한 부류의 사람들을 '셀프모니터링을 잘 하는 사람(high self-monitor)'이라고 부른다.

셀프모니터링 정도는 아주 다양하다. 여러분이 지금 분위기 있는 조용한 카페에 앉아 있다고 생각을 해보자. 주변 테이블에서는 커플들이 속삭이고 있다. 여기서 셀프모니터링 수준이 낮은 사람들은 자신의 목소리에 크게 신경을 쓰지 않는다. 자신의 목소리가 유난히 크게 들려도 별로 개의치 않는다. 하지만 셀프모니터링 수준이 높은 사람들은 주변을 살피고 최대한 작은 목소리로 이야기한

다. 그리고 상대방의 표정과 반응에 따라 자신의 태도를 바꾼다.

 새로운 누군가를 만날 때, 사람들은 대부분 어떻게든 공통점을 찾아보려고 한다. 그리고 대화가 부드럽게 이어지고 있는지, 너무 많은 말을 하고 있는 것은 아닌지, 그리고 너무 형식적으로 대하고 있는 것은 아닌지 신경을 쓴다.

 셀프모니터링 수준이 높은 사람들은 여기서 한 걸음 더 나아간다. 상대방과의 공통점을 발견하고, 더 많은 느낌들을 공유하기 위해 노력한다. 상대방의 기분이 좋으면, 그들 자신도 신나고 즐거운 표정을 짓는다. 반면 상대방이 심각하고 진지한 분위기라면, 보다 차분하고 조용하게 이야기한다. 그렇다고 해서 기계적으로 상대방의 기분에 맞추는 것은 아니다. 다만 상대방의 느낌과 태도를 예민하게 받아들이고, 이에 따라 자신의 행동을 수정한다. 여러분 주위에는 이러한 부류의 사람이 있는가? 여러분이 무슨 말을 하든, 그 분위기대로 받아들여주는 사람이 있는가?

 주변 상황에 따라 행동과 태도를 수정한다고 해서 가식적이라고 할 수는 없다. 이 부류의 사람들 역시 자신만의 가치관을 가지고 있다. 상대방 기분에 맞춘다고 해서 자신의 생각이나 주장을 던져버리는 것은 아니다. 다만 상대방에게 편안하고 존중받는 느낌을 주려면, 그 상황에서 어떻게 행동해야 하는지를 본능적으로 잘 알고 있을 뿐이다. 캐플런은 이렇게 이야기한다.

 "업무적인 관계에서도 저는 상대방을 기계적으로 대하지 않도록

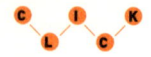

주의합니다. 혹시 판에 박힌 뻔한 말을 하고 있는 것은 아닌지 항상 주의를 기울입니다. 그리고 언제나 친근감을 전달할 수 있도록 노력합니다."

캐플런과 같이 셀프모니터링 수준이 높은 사람들은 더욱 쉽게, 그리고 더욱 자주 클릭의 순간을 경험한다. 그 이유는 감정과 태도를 그대로 받아들임으로써 상대에게 편안한 느낌을 전달하기 때문이다. 캐플런은 이렇게 말한다.

"그냥 저절로 그렇게 되는 겁니다. 절대로 억지로 노력하는 게 아니에요."

셀프모니터링의 수준을 객관적인 수치로 측정하기 위해, 스나이더는 평가목록을 만들어보았다. 예를 들어 셀프모니터링 점수가 낮은 사람들은 '다른 사람들의 행동을 그대로 따라 하기 힘들다.' 라든가 '상황에 따라 자신의 행동을 바꾸기가 어렵다.'와 같은 항목에 동의한다. 반면 셀프모니터링 점수가 높은 사람들은 '잘 모르는 주제에 대해서도 즉흥적으로 설명을 할 수 있다.'와 같은 항목에 동의를 한다.

셀프모니터링 점수를 측정하기 위해, 스나이더는 여러 모임을 대상으로 심층 인터뷰를 실시했다. 그 과정에서 셀프모니터링 수준이 높은 사람들의 공통점을 몇 가지 발견할 수 있었다. 첫째, 그들은 감정표현을 대단히 잘 조절한다. 주변 환경으로부터 신속하게 실마리를 포착해서, 곧바로 자신의 태도를 수정한다. 둘째, 상황에 따른 적절한 행동방식을 재빨리 학습한다. 마지막으로 셋째, 상대방의 성격을 금방 파악한다.

델타항공의 스튜어디스 안드라지

우리는 이러한 특성을 가진 사람들을 주변에서 가끔 찾아볼 수 있다. 얼마 전, 우리 두 형제는 샌프란시스코에서 애틀랜타로 가기 위해 델타항공 비행기에 올랐다. 거기서 우리는 마이아 안드라지라고 하는 스튜어디스를 만났다. 그녀는 롬에게 어떤 음료를 원하는지 물었다. 롬이 애플-크랜베리 주스를 달라고 하자, 다시 물었다.

"고향이 어디세요?"

롬이 이스라엘이라고 하니 안드라지는 이렇게 말했다.

"마 니쉬마?"

히브리어로 '안녕하세요?'라는 뜻이었다. 그리고는 애플-크랜베리 주스 캔과 얼음이 가득 들어있는 플라스틱 컵을 건네주었다. 노트북으로 작업을 하느라 정신이 없었던 오리는 롬이 받은 캔을 보고 놀라서 이렇게 물었다.

"와우, 캔 하나를 통째로 받았네?"

그 순간을 놓치지 않고 안드라지는 이스라엘식 제스처를 취하면

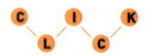

서 말했다.

"라마 로?"(그러면 안 되나요?)

안드라지는 상냥하면서 외향적인 성격의 승무원이다. 그녀는 처음 본 사람들과 너무나도 자연스럽게 친해진다. 우리를 지나 몇 줄 뒤로 간 그녀는, 우는 아이를 달래는 젊은 엄마를 발견했다. 그리고는 곧바로 목소리 톤을 바꾸어 아기를 달래기 시작했다. 그러자 아기는 놀랍게도 갑자기 울음을 뚝 그쳤다. 그러고 나서 아기를 업고 비행기를 타는 것이 얼마나 힘든지에 대해 애기 엄마와 이야기를 나누었다. 그리고 또 다시 몇 줄이 지나, 정장을 입은 남자들과 함께 프레젠테이션에 대해 진지한 이야기를 주고받고 있었다. 그녀는 그야말로 모든 승객들을 위한 최고의 스튜어디스였다.

일주일 후 다시 샌프란시스코로 돌아오는 길에 놀랍게도 우리는 안드라지를 다시 만났다. 그녀는 똑같은 웃는 얼굴로 인사를 건넸다. 우리는 그녀가 당연히 우리를 기억하지 못할 것이라고 생각했다. 하지만 안드라지는 또 한 번 히브리어로 이렇게 외쳤다.

"캔 하나!"

돌아오는 비행기 객실은 의외로 텅텅 비었다. 덕분에 우리는 그녀와 더 많은 이야기를 나눌 수 있었다. 그녀가 아르헨티나 출신이며, 팔남매 중 다섯번째 딸이라는 사실도 알게 되었다.

"형제들이 너무 많아서 자주 전화를 해야 해요. 적어도 하루에 한 번은 가족들과 통화를 한답니다."

우리는 그녀가 학교나 친척들로부터 히브리어를 배웠을 것이라고 생각했다. 하지만 놀랍게도 20년 전 친구와 함께 떠난 이스라엘 여행 동안 배운 것이라고 했다. 게다가 그녀는 스페인어, 영어, 프랑스어, 이탈리아어, 그리고 포르투갈어까지 능숙하게 구사할 줄 알았다. 그리고 일본어, 아랍어 등도 어느 정도 알고 있다고 했다.

"승객들에게 대부분 영어로 인사를 건네죠. 하지만 모국어로 인사를 하면, 승객들의 얼굴에서 환한 미소를 보게 된답니다."

안드라지는 상대에 따라 자신의 태도를 자연스럽게 바꾸는 탁월한 능력을 가지고 있다. 그녀는 어떻게 해야 상대방을 편안하게 만드는지 잘 알고 있다. 또한 새로운 사람들을 만나고 관계를 맺는 일을 무척이나 사랑한다. 그래서 그동안 많은 직업들을 경험했다고 했다. 클럽메드에서 종업원으로 일을 하기도 했고, 외국어 개인교사 경험도 있다. 그녀는 이렇게 말한다.

"새로운 사람들을 만날 때마다 힘을 얻어요. 그래서 승객들과 이야기를 나누거나, 집 앞마당에서 쓰지 않는 중고물품들을 파는 것도 무척 좋아하죠. 잡동사니를 처분하면서 이웃 사람들과도 만날 수 있는 시간이니까요. 가격을 흥정하면서 이런 저런 이야기들을 나눠요. 저는 즉흥적이면서도 우연한 만남들을 사랑한답니다."

그녀의 사교적인 성격은 여러 승무원들 중에서도 단연 돋보였다.

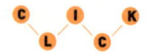

셀프모니터링 점수가 높은 사람과 함께 일하고 싶다

안드라지는 승객들에게 편안함을 선물한다. 캐플런 역시 고객과 투자자들에게 편안한 느낌을 준다. 그렇다면 이들의 성격 중 어떤 부분이 비즈니스 세계에서 힘을 발휘하고 있는 것일까?

캠브리지대학의 마틴 킬더프(Martin Kilduff) 교수와 펜실베이니아 주립대학의 데이비드 데이(David Day) 교수는 MBA 학생들을 대상으로 셀프모니터링 점수와 조직 적응력의 상관관계를 알아보기 위한 조사를 실시했다.[2] 당시는 졸업을 앞둔 MBA 학생들이 채용면접을 보고 있던 시즌이었다. 학생들은 평균적으로 16번 정도 면접을 보고, 세 곳 정도에 합격 통보를 받는다. 대부분은 은행, 컨설팅, 경영관리 분야 등 다소 전통적인 분야를 선호한다. 두 교수는 취업 희망 학생들의 셀프모니터링 점수를 평가하기 위해 설문조사를 실시했다. 또한 학생들이 졸업을 하고 취직을 한 후에도 계속해서 그들의 경력을 추적했다. 이를 위해 동문회로부터 자료를 얻고, 직장을 옮길 때마다 계속해서 업데이트를 했다.

조사 결과는 예상과는 조금 빗나갔다. 셀프모니터링 점수가 높은 MBA 졸업생들이 직장을 더욱 자주 옮겨 다녔다. 킬더프와 데이는 애초에 셀프모니터링 점수가 높은 학생들이 인간관계를 형성하는 과정에 보다 능숙하기 때문에 한 조직에 보다 오래 머물 것이라고 추측했다.

하지만 이후 계속된 조사를 통해, 그들이 직장을 자주 옮겨 다닌 이유가 조직에 적응을 하지 못해서가 아니라는 사실을 확인할 수 있었다. 오히려 그 반대의 이유로 직장을 옮기고 있었다. 그들은 셀프모니터링 점수가 낮은 졸업생들보다 조직 내에서 인정을 받았고, 그만큼 다른 기업들로부터도 스카우트 제의도 더 많이 받았다. 그리고 더 좋은 조건을 따라 이동하면서, 장기적으로 경력을 쌓아 나가고 있었다. 킬더프와 데이는 이렇게 설명한다.

"셀프모니터링 점수가 높은 사람들은 환경에 따라 자신의 행동과 태도를 수정함으로써 조직생활을 잘 헤쳐 나갑니다. 그리고 다양한 기업들로부터 스카우트 제의를 받고 있습니다."

물론 셀프모니터링 점수가 높은 사람들 중에서도 한 조직에 오랜 시간을 머물러 있는 사람도 있었다. 그러한 이들은 남들보다 빠르게 승진했다. 결론적으로 말해, 셀프모니터링 점수가 높은 사람들은 조직 생활에서 뛰어난 적응력과 성과를 드러냈다.

엘리트 매니지먼트를 찾아왔던 브라질 모델의 이야기로 다시 돌아가 보자. 당시 에이전시 사무실은 패션쇼 준비로 일 년 중 가장 정신 없는 시간을 보내고 있었다. 그 사무실로 들어서기 전, 브라질에서 왔던 모델 역시 신데렐라를 꿈꾸는 한 명의 평범한 모델에 불과했다. 그곳을 찾아오는 새내기 모델들은 기껏해야 몇몇 사람과 악수를 나누면서 수줍은 웃음을 지어 보이는 게 전부다. 그러나 그녀는 처음부터 자연스럽고 당당하게 거기 있던 모든 사람들에게

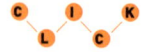

다가갔다. 그녀의 이러한 태도는 에이전시의 대표에게도 강한 인상을 남겼다. 그래서 스태프들을 피해 도망 다니고 있던 순간에도 하밀은 그녀를 한눈에 알아볼 수 있었다.

킬더프와 그의 연구팀은 셀프모니터링 점수가 높은 사람들에게서 한 가지 공통점을 발견했다.[3] 그것은 다양한 상황에 대처하는 유연성이었다. 뛰어난 유연성 덕분에 그들은 어느 조직에서나 재빨리 중심적인 위치를 차지한다.

킬더프의 연구팀은 기술 분야의 기업에 다니는 백 명 가량의 직원을 대상으로 설문조사를 실시했다. 그리고 이를 통해 셀프모니터링 점수를 평가해보았다. 그리고 보다 객관적인 평가를 위해 직원들이 서로에 대해 어떻게 평가를 하고 있는지 면담을 통해 진행했다. 이렇게 수집한 10,302개의 데이터를 바탕으로 킬더프 연구팀은 조직 내 인간관계 도표를 완성했다. 이 도표를 보면, 업무적, 사회적 네트워크 속에서 각각의 직원들이 어떤 위치에 있는지 한눈에 확인할 수 있다.

여기서 셀프모니터링 점수가 높은 직원들은 주로 네트워크의 중심에 모여 있다. 그들은 정보가 오고가고 인맥이 형성되는 통로와 같은 역할을 한다. 즉 전반적인 의사소통 과정에서 핵심적인 부분을 차지하고 있다.

여기서 개별 직원들이 조직 네트워크에서 중심부로 나아가는 과정을 살펴보면 대단히 흥미롭다. 객관적인 평가를 위해 킬더프는 업무능력이나 학력이 비슷한 직원들을 선정해 비교했다. 그 결과 셀프모니터링 점수에 따라 완전히 다른 형태의 두 그래프를 확인할 수 있었다.

우선 셀프모니터링 점수가 낮은 직원들의 인간관계는 점진적이고 선형적인 형태로 발전해 나갔다. 그들의 인간관계는 세월에 따라 아주 조금씩 증가하다가, 지위가 올라감에 따라 조금 더 확대되었다.

반면 셀프모니터링 점수가 높은 사람들의 발전 모형은 완전히 달랐다. 그들의 인간관계 그래프는 기하급수적으로 증가하는 곡선이었다. 셀프모니터링 수준이 낮은 직원이 무려 13년에 걸쳐 쌓아왔던 인간관계의 수준을, 셀프모니터링 수준이 높은 직원은 18개월 만에 도달하고 있었다. 급성장하는 그래프 형태는 그 이후에도 지속되고 있었다.

13년 대 18개월! 하지만 오랫동안 조직에 몸담았던 사람들은 셀프모니터링 점수가 높은 직원들을 정치적인 사람이라고 폄하하기도 한다. 항상 가십거리를 퍼트리고 다니고, 승진을 하기 위해 줄을 서고, 자신에게 항상 유리한 방향으로 상황을 몰고 가려는 인물들이라고 비난한다. 그렇다면 여기서 중요한 질문 한 가지가 떠오른다. '셀프모니터링 점수가 높은 사람들이 인간관계를 확대해 나가는 것은 단지 다른 사람들을 이용하기 위해서란 말인가?'

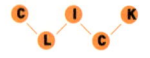

진짜 친절한 사람
혹은 위선자

오하이오주립대학의 심리학자 클라라 미셸 청(Clara Michelle Cheng)과 탄야 차트랜드(Tanya Chartrand)는 셀프모니터링 점수가 높은 사람들이 인맥을 넓혀나가는 진정한 의도에 대해 확인해보고자 했다. 그들은 먼저 이런 의문을 가졌다. '셀프모니터링 점수가 높은 이들은 진심으로 친절한 사람들인가, 아니면 자신의 이익을 위해 친절한 척하는 사람들인가?'[4] 대답을 듣기 위한 가장 좋은 방법은 직접 물어보는 것이지만, 이는 현실적으로 불가능하다. 만약 그들이 정말로 위선적이라면, 솔직하게 대답하지 않을 것이기 때문이다. 그래서 두 심리학자는 기발한 실험 아이디어를 생각해냈다.

두 사람은 심리학개론 수업을 듣는 학생들을 대상으로 실험을 실시했다. 학생들을 각각 다른 방으로 들어가게 해 놓고, 다음으로 실험 보조요원이 따라 들어가게 한다(그들의 역할은 '미러링 반응'을 유도하는 것이다). 그리고 피실험자 학생들 중 삼분의 일에게는 함께 들어온 사람이 고등학생이라고 소개를 하고, 다른 삼분의 일에게는 대학생, 그리고 마지막 삼분의 일에게는 심리학 수업을 함께 듣는 학생이라고 소개한다.

보조요원은 그 방에서 지시대로 움직인다. 우선 두 사람은 잡지에서 오려낸 다양한 사진들을 가지고 대화를 나눈다(학생들에게는 그것이 실험의 목적이라고 소개했다). 그러다가 보조요원은 다리를 꼰 채로 조금씩 발을 흔든다(이는 정서적으로 예민한 사람들이 긴장된 상태에서 흔히 보이는 행동이다). 바로 여기가 실험의 핵심이다. 청과 차트랜드는 피실험자들이 보조요원을 따라 발을 함께 흔드는지를 관찰했다.

학생들은 보조요원들의 이러한 행동을 의식적으로 알아채지는 못한다. 실험 결과 발을 흔드는 행동을 따라 한 학생들은 1~2퍼센트 정도에 불과했다. 그리고 그 비율은 세 그룹별로 거의 큰 차이가 없었다.

하지만 셀프모니터링 점수가 높은 학생들만 놓고 보았을 때는 유효한 차이가 드러났다. 고등학생이나 대학원생이라고 소개한 그룹의 경우, 다른 학생들과 비슷한 수준의 비율을 보였다. 하지만 심리학 수업을 듣는 동료라고 소개를 한 그룹의 경우, 큰 차이가 나타났다. 발을 따라 흔드는 비율이 일반 학생들에 비해 10배 가까이 높았다.

만약 셀프모니터링 수준이 높은 사람들이 전략적으로 행동을 하는 것이라면, 대학원생이라고 소개한 그룹의 학생들이 더 많이 미러링 반응을 보였을 것이다. 여러 가지 측면에서 대학원들이 그들보다 한 단계 더 높은 존재이기 때문이다. 심리학 수업을 듣는 동료는 단지 평등한 관계일 뿐이다. 이에 대해 청과 차트랜드는 이렇게 설명한다.

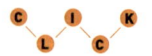

"고등학생과 대학원생들은 대부분 다시 만날 일이 없지만, 수업을 듣는 동료들은 다음에 만난 확률이 대단히 높기 때문이죠. 같은 행동을 함으로써 관계를 계속 만들어가려는 것이라고 생각됩니다."

여기서 주목해야 할 점은 학생들 대부분 무의식적으로 미러링 반응을 보였다는 사실이다. 셀프모니터링 수준이 높은 사람들은 의식적으로 인식하지 못한 채 다른 사람의 행동을 따라했다. 다시 말해 그들은 무의식적으로 주변 환경에서 실마리를 찾아내고, 이를 관계형성을 위해 활용한다.

셀프모니터링 수준이 높은 사람들은 개인적, 업무적인 차원에서 항상 인간관계 네트워크의 중심을 향해 나아가는 성향이 강하다. 그렇다고 해서 그들의 태도가 전략적이라고 볼 수는 없다. 그들은 본능적으로 인맥의 중심을 향하고, 아주 자연스럽게 움직인다. 캐플런은 이렇게 이야기했다.

"새로운 사람들을 만나고 인맥을 넓혀가면서(즉, 클릭을 함으로써) 우리의 인생은 더욱 풍부해집니다. 해외여행을 가서도 사람들을 사귈 수 있다면, 일회적인 만남이라 할지라도 전세계를 무대로 친구를 만들 수 있습니다. 그리고 바로 그러한 인맥관계를 통해 비영리단체에서 일을 하거나, 또 다른 여행지를 찾아가고, 다양한 행사나 컨퍼런스에 참여할 수 있는 기회를 만날 수 있습니다. 이러한 과정에서 우리의 인생은 더욱 화려하고 풍요로워집니다."

안드라지와 캐플런의 이야기 속에서 우리는 소중한 교훈을 발견할 수 있다. 사람들은 자신의 생각과 기분을 이해해주고 존중해주는 사람들에게 자연스럽게 끌린다. 특히 중요한 순간에 자신의 감정을 받아들여줄 때, 더욱 친밀감을 느낀다. 이러한 사실을 안드라지와 캐플런은 본능적으로 활용하고 있다. 클릭의 순간은 절대 일회적으로 끝나는 것이 아니라, 장기적인 차원에서 관계에 큰 영향을 미친다. 그리고 서로에게서 최고의 능력을 이끌어낸다.

마법 같은 상태
Magical state

신속한 친밀감
Quick-set intimacy

상호간의 상승효과
Personal elevation

클릭의 순간
Clicking

클릭촉진제 Click Accelerators

취약점 Vulnerability
- 형식적 표현 Phatic
- 객관적 표현 Factual
- 주관적 표현 Evaluative
- 감정을 드러내는 표현 Gut-level
- 피크 표현 Peak

근접성 Proximity
- 기하급수적 매력 증가 Exponential Attraction
- 자연적 의사소통 Spontaneous communication
- 수동적 접촉 Passive contacts

공감대 Resonance
- 몰입 Flow
- 존재감 Presence

유사성 Similarity
- 질보다 양 Quantity over quality
- 인그룹 In-group
- 장기적 효과 Long-lasting effect

소속감 Safe Place
- 공동의 고난 Joint adversity
- 프레임 Frame

높은 셀프모니터링 수준 High Self-Monitors
- 유연한 성격 Have fluid personalities
- 감정표현을 조절 Modulate emotional expression
- 신속한 수용 Quickly incorporate norms
- 이미지 관리 Manage others' perceptions
- 관계 중심적 Act as network hubs

맺음말

지금, 주변 사람들과
클릭의 순간을 만들어라

며칠 전 가족 앨범을 정리하다가 오래된 사진 한 장을 발견했다. 사진 속의 롬은 이제 막 걸음마를 뗄 무렵이었고, 오리는 혼자서 간신히 몸을 가눌 수 있던 때였다. 금발에다 숱이 많은 오리는 모닥불을 뚫어져라 바라보고 있고, 코르덴 나팔바지 차림의 롬은 동생 얼굴에 뽀뽀를 하려고 달려들고 있다.

 물론 일부러 그런 포즈를 취한 건 아니었다. 우연한 상황이었을 것이다. 하지만 우리는 그 사진이 지금까지 우리 두 사람의 관계를 나타내는 상징이라 여기고 있다. 그렇다고 우리가 늘 사이 좋게 지냈던 것은 아니다. 아마 여느 형제들과 비슷한 어린 시절을 보냈을 것이다. 누가 마지막 사탕을 차지할 것인지, 아니면 누가 쓰레기통을 비워야 할 것인지를 놓고 싸울 때만 제외하고서 우리는 언제나 서로에게 든든한 형과 동생이 되어 주었다.

 우리는 지금까지도 두터운 형제애를 간직하고 있다. 여행지를 선택하거나, 가족이 모두 모인 자리에서 요리를 결정하거나, 아니면 펀드를 고를 때처럼 선뜻 결론을 내리기 힘든 상황에서는 아직도 서로에게 생각을 물어본다. 가치관이 비슷해서일 수도 있고, 오랜 시간을 함께 해서일 수도 있다. 각별한 형제애 덕분에 우리는 정말로 많은 것을 얻었다. 클릭의 순간이 무엇인지 처음 깨닫게 되었고, 다양한 아이디어들을 함께 공유하기도 했다. 우리가 처음으로 클릭이라는 존재에 대해 연구하기로 결정을 했을 때, 최고의 장애물은 이와 관련된 연구 자료가 터무니없이 부족하다는 사실이었다. 관련된 학술 단체조차 없었다. 하지만 지금까지 살펴보았던 것처럼, 개인적, 또는 업무적 관계, 신경생물학적 접근방식, 그리고 친밀감을 형성하는 역동적인 과정을 주제로 한 다양한 연구들은 우리 모두가 다른 사람, 또는 주변 환경과 친밀한 관계를 맺고자 하는 강한 욕구를 지니고 있다는 사실을 말해주고 있다고 우리는 확신했다.

  우리 두 형제는 친밀감이 형성되는 순간을 확인해보고 싶었다. 글쓰기에서 악기 연주에 이르기까지, 그리고 스포츠를 즐기면서 경험하는 인더존으로부터 로맨틱한 저녁식사를 나누며 연인의 사랑스러운 눈을 바라보는 사랑스런 순간에 이르기까지 어떤 요소들이 클릭의 순간을 만들어내는지, 또한 무엇이 상대방을 이끄는지, 그리고 상대방과 가까워지면서 어떤 느낌을 받게 되는지에 대해 알아보고 싶었다. 주변의 사람들과 인간관계를 형성하도록 만드는 요인은 무엇인가에 대한 답을 알고 싶었다.

이와 같은 질문들에 대한 답을 찾아나가는 과정에서 가장 흥미로웠던 점은 클릭의 순간을 경험했던 다양한 사람들로부터 듣는 생생한 증언이었다. 과거에 겪었던 클릭의 순간에 대해 이야기를 하는 동안, 사람들의 눈빛은 반짝이고 목소리는 떨렸다. 우리는 클릭의 순간을 확인하기 위해 롬의 실험으로부터 오리의 스탠포드대학 터치필리 수업에 이르기까지 아주 다양한 접근방식을 활용하였다.

지금까지 우리가 시도했던 모든 접근방식은 이 책에 소개되어 있다. 클릭의 순간 무슨 일이 일어나는지, 친밀감은 어떻게 이루어지는지, 그리고 클릭의 순간이 장기적인 차원에서 인간관계에 어떠한 영향을 주는지에 대해 살펴보았다. 지금까지의 여행을 마무리하면서 클릭의 순간과 관련하여 우리가 발견했던 중요한 개념을 정리하고자 한다.

마법과 같은 느낌

클릭의 순간을 경험할 때 우리 두뇌는 쾌락중추를 통해 행복감이라고 하는 선물을 준다. 조사 과정에서 만나 보았던 수많은 사람들은 클릭의 순간에 '마법과 같은 느낌'을 받았다고 고백하고 있다. 클릭의 순간은 적극적인 노력으로 만들어지며 이를 통해 관계를 강화할 수 있다. 하지만 아직까지도 많은 사람들이 클릭의 순간이 그저 우연의 결과라고 생각하고 있다.

서로에게서 최고의 능력을 끌어내는 방법

클릭을 통해 서로에게서 최고의 능력을 이끌어낼 수 있다. 함께 클릭을 경험한 사람들과 같이 있을 때, 우리는 더욱 편안하고 자연스럽게 자신의 모습을 드러낼 수 있다. 그리고 더욱 열린 마음으로 당당하게 자신의 의견을 주장할 수 있다. 이러한 분위기를 통해 보다 창조적인 성과를 이룩할 수 있다.

취약성

우리는 대부분 자신의 약점을 드러내려 하지 않는다. 나약하고, 무능하고, 비이성적인 모습을 보여주고 싶어 하지 않는다. 하지만 개인적인 약점을 적극적으로 드러냄으로써 인간관계의 깊이와 넓이를 보다 확대할 수 있다. 오늘날 우리들은 대부분 업무적인 이유로 다른 사람들을 만난다. 이러한 관계는 대부분 실질적인 정보를 주고받으며 이루어진다. 그러다 보니 친근감을 나누고 관계를 발전시켜 나갈 수 있는 의사소통의 기회는 좀처럼 찾아보기 힘들다. 하지만 조금만 더 관심을 기울여보면, 자신의 약점을 있는 그대로 드러냄으로써 관계를 깊이 발전시켜 나갈 수 있는 가능성을 이해할 수 있다.

근접성

지리적인 거리는 인간관계를 형성하는 과정에서 대단히 중요한 역할을 한다. 하지만 오늘날 많은 기업들이 업무적인 효율성에만 초점을 맞추고 있어 직장인들 대부분 직접 사람들을 만나는 기회를 잃어버리고 있다. 이로 인해 비즈니스 파트너들과의 관계를 발전시킬 수 있는 가능성이 줄어든다.

공감대

'몰입'과 '존재감'을 통해 주변 사람들과의 공감대를 형성할 수 있다. 공감대는 사람들에게 일체감을 느끼게 한다. 상대방의 말과 행동, 그리고 태도와 욕망에 세심한 주의를 기울일 때, 우리는 그 사람에게 가까이 다가갈 수 있다. 여기서 감성적인 분위기를 예민하게 파악하는 능력이 무엇보다 중요하다.

유사성

이름이나 생일, 사는 지역, 또는 지문 패턴 중 어떤 특성을 공유하는지는 별로 중요하지 않다. 모든 형태의 유사성은 친밀감, 그리고 인그룹이라는 느낌을 전달할 수 있다. 유사성을 적극적으로 활용함으로써 인간관계를 발전시켜 나갈 수 있다. 유사성의 힘은 가까워질 가능성이 별로 없는 경우에 특히 힘을 발휘한다. 예를 들어 문화적인 배경이 다르거나 상이한 분야에서 일을 하는 사람과 처음 만났을 때, 음악이나 스포츠와 같은 분야에서 공통의 취미는 관계형성의 출발점이 된다.

소속감

환경적 요인 역시 클릭의 순간에서 중요한 역할을 한다. 가령 어려운 순간을 함께 헤쳐 나가는 경험은 구성원들에게 연대감을 심어줌으로써 클릭의 가능성을 크게 높인다.

사람을 끌어들이는 사람

클릭의 순간을 더 쉽게, 더 자주 만들어내는 사람들이 있다. 그들은 바로 셀프모니터링 점수가 높은 사람들이다. 이들은 상대방의 감정을 배려하는 탁월한 능력을 갖추고 있다. 상대방의 감정과 태도에 보다 예민하게 반응함으로써 신속하게 가까운 관계를 형성할 수 있다.

안타깝게도 아직까지 많은 사람들이 클릭의 순간을 우연의 결과로만 여기고 있다. 하지만 지금까지 살펴보았던 것처럼 적극적인 노력을 통해 클릭의 순간은 얼마든지 창조해낼 수 있다. 클릭의 순간에 숨겨진 비밀을 이해하고 실천적인 노력을 통해서 직장동료나 이성, 또는 주변의 모든 사람들과 마법과 같은 순간을 만들어낼 수 있다. 클릭의 순간은 모든 형태의 인간관계에 마법을 건다. 그리고 관계의 본질에 변화를 준다. 또한 그 효과는 순간을 넘어 장기적으로 긍정적인 영향을 미친다. 결국 우리는 서로 최고의 능력을 발휘할 수 있다.

감사의 말

우리와 클릭의 순간을 나눈
사람들

여기서 언급하고 있는 이들 모두 우리와 함께 클릭의 순간을 경험했던 사람들이라고 말하면 다들 놀라시려나?

　가장 먼저 우리 두 사람 아내의 얼굴이 떠오른다. 힐러리 로버츠는 우리의 글을, 그리고 조신 허스는 눈에 보이는 모든 것들을 우아하게 다듬어주었다. 다음으로 부모님께 감사의 말씀을 전한다.

　클릭의 경험을 나눈 또 한 사람인 에이전트 에스터 뉴버그는 우리에게 항상 아낌없는 격려와 날카로운 조언을 주었다. ICM의 리즈 패럴과 캐리 스튜어트에게도 고마운 마음을 드린다.

　우리의 소중한 파트너인 로저 숄은 이 책을 만드는 내내 지혜와 열정을 가져다주었다. 브로드웨이 북스 사람들과 함께 일하는 것 또한 우리에겐 큰 행운이었다. 거대한 비전을 보여준 마이클 팔곤, 아이디어 창고인 베러디스 맥기니스, 우리의 글을 훌륭한 작품으로 엮어준 타라 실브라이드, 사려 깊은 조언을 주었던 탤리아 크론, 우리를 끝까지 챙겨준 안나 톰슨, 우리의 아이디어에 믿음을 보내 주었던 사라 레이넌, 처음부터 함께 해준 리즈 헤이즐턴에게 특별한 감사를 드린다.

글을 쓰는 동안 많은 사람들로부터 흥미로운 이야기들을 들을 수 있었던 것이 우리에겐 가장 행운이었다. 폴 나디아 버틀러, 짐 웨스트, 게하르드 세슬러, 그레그 샌시어, 밥 시갈스키, 마이클 엘스버그, 마이크 웰치, 프레드 베르너, 리즈 맨느, 마리오 안드레티, 캐피 라이드, 클라우스 마인, 리디아 바스티아니치, 켈리 힐드브란트와 또 다른 켈리 힐드브란트, 돈 번, 프레드 와페파, 존 캐런, 디나 카플란, 닐 하밀, 마이아 안드레이드, 크리스 콘스터블, 피터 매튜스, 신시아 코헨, 로리 데이비스, 벤 카니 모두에게 감사를 드린다.

우리의 글을 처음으로 읽어보고 조언을 주었던 스티브 롯코프, 앨리슨 로버츠, 데니스 에그리, 그리고 콜린 바흐에게도 감사의 말씀을 전한다. 마크 포티어는 처음으로 이 책에 대한 아이디어를 나눈 후로 우리에게 끊임없이 중요한 자료들을 제공해 주었다. 그의 뜨거운 열정은 언제나 전염력이 강하다.

함께 글을 쓰는 동안 가족과 친구들의 도움 또한 컸다. 니라 차이킨, 사라 르 체르코프, 메간 그리고 존 서친슨, 데이비드 블래트, 마이클 브레이어, 칩 콘리, 마틴 뎀프시와 TRADOC, 프란츠 엡팅,

팀 페리스, 가브레엘르 피쉬먼, 마르코 게미그나니, 리치 헤커, 아담 히르쉬, 밥 제스, 노아 캐건, 매트 밀러와 캐티 브라운, 코레이 모데스트, 아비바 모힐터, 리즈 오도넬, 사라 올슨, 파블로 패즈미노, 리안 그리고 알렉시스 피크렐, 에이미 필리터리, 유다 앤 더 폴락스, 줄리엣 포웰, 세스 로버츠, 조쉬 로젠블럼, 크레이그 사코비츠, 마크 슬로스버그, 애니 셔우, 샴스 설리, 에이미 슈스터, 피트 심스, 루디 탠, 아스트로 텔러, 팜 로이 웹, 킴벌리 위코프, 르네 윙, 코트 워딩턴, 그리고 그 밖에 많은 사람들에 감사를 드린다. 이들을 만난 것은 우리에게 큰 축복이었다.

참고문헌

1장 마법처럼 강렬하고 신속하게 끌리는 찰나

1. 짐과 게하르트는 1962년 현대적인 일렉트릿 마이크로폰을 발명한 것으로 1999년 미국 발명가 명예의 전당 National Inventors Hall of Fame에 올랐다. 두 사람은 지금도 음향과 관련하여 활발한 연구를 추진하고 있으며, 컨퍼런스에도 함께 참석하고 있다.

2. Arthur Aron, Helen Fisher, Debra J. Mashek, Greg Strong, Haifang Li,and Lucy L. Brown은 스스로 "사랑에 빠져있다"고 말한 사람들을 대상으로 신경생물학적 연구를 추진했다. 그의 논문은 다음과 같다. "Reward,Motivation,and Emotion Systems Associated with Early-Stage Intense Romantic Love," 〈Journal of Neurophysiology 94〉(2005): 327–37.

3. 신체적,그리고 사회적인 고통의 신경학적 메커니즘의 유사성을 확인하는 'fMRI 사회적 고립 연구'의 공식 명칭은 "Does Rejection Hurt? An fMRI Study of Social Exclusion"였으며,Naomi I. Eisenberger,Matthew D. Lieberman,Kipling D. Williams가 시작했다. 〈사이언스〉302 (2003): 290–92

4. 인간관계에 대한 롬의 박사학위 논문은 다음과 같다. "The Living Experience of Magical Moments," University of Florida,2005.

5. Dick P. H. Barelds와 Pieternel Barelds-Dijkstra 부부 연구팀은 클릭을 통해 관계를 시작한 커플, 일반적인 데이트로 시작한 커플, 그리고 친구에서 연인으로 발전한 커플들을 대상으로 관계 만족도 점수를 평가해 보았다. 두 사람의 논문은 다음과 같다. "Love at First Sight or Friends First? Ties Among Partner Personality Trait Similarity, Relationship Onset, Relationship Quality, and Love," Journal of Social and Personal Relationships 24 (2007): 479–96.

2장 조직의 최선을 이끌어내는 클릭의 힘

1. 피터 매튜스와 린다 쉘레에 관한 더 자세한 이야기를 원한다면 다음을 참조. Michael Coe, 〈Breaking the Maya Code〉 (London: Thames and Hudson, 1993).

2. Andrew Weeks, Martin, Simon, and Loh Conleyrk Linda Schele를 다룬 프로그램인 'Edgewalker: A Conversation with Linda Schele.'는 999년 Home Life Productions에서 방영이 되었다.

3. 마야 암호해독의 연대표에 관한 더 많은 정보는 다음을 참조. David Freidel and Linda Schele, 〈A Forest of Kings: The Untold Story of the Ancient Maya〉 (New York: Harper Perennial, 1992). 고고학자 Tatiana Proskouriakoff가 독자적으로 마야의 일부 상형문자가 왕조의 연대기를 나타내고 있다는 사실을 밝혀내기는 했으나, 마야의 문자가 문법적으로 복잡하고 마야의 음성 언어와 완전하게 일치한다는 사실을 증명한 최초의 사람은 피터와 린다였다.

4. Pri Pradhan Shah and Karen Jehn은 팀 협력을 잘 이루어냈던 MBA 학생들에 관해 연구를 했다. "Do Friends Perform Better Than Acquaintances?

The Interaction of Friendship, Conflict, and Task," Group Decision and Negotiation 2 (1993) 149-65.
5. 4중주단 멤버들 사이에서 관계의 역동성에 관한 연구는 다음과 같다. J. Keith Murnighan and Donald Conlon, "The Dynamics of Intense Work Groups: A Study of British String Quartets," Administrative Science Quarterly 36 (1991) 165-86.

3장 첫번째 클릭촉진제 - 취약성

1. Gregory Sancier가 협상을 벌였던 인질범의 이름은 가명이다.
2. Judee K. Burgoon, Joseph B. Walther, and E. James Baesler가 수행했던 가벼운 신체적 접촉 실험에 관한 논문은 다음과 같다. "Interpretations, Evaluations, and Consequences of Interpersonal Touch," Human Communication Research 19 (1992) 237-63.
3. 채용면접에서 시선을 마주치는 효과에 관한 논문은 다음과 같다. Judee K. Burgoon, ValeneManusov, Paul Mineo, and Jerold L. Hale, "Effects of Gaze on Hiring, Credibility, Attraction and Relational Message Interpretation," Journal of Nonverbal Behavior 9 (1985): 133-46.
4. 최근 신체적인 매력에서 페로몬의 역할에 대한 여러 가지 연구가 나왔다. 효과의 미묘한 특성 때문에 과학자들은 여전히 페로몬이 작용을 하는 조건에 대해 밝혀내기 위한 추가적인 연구를 지속하고 있다. 여기서 언급하고 있는 실험에 관한 논문은 다음과 같다. "Effects of Putative Male Pheromones on Female Ratings of Male Attractiveness: Influence of Oral Contraceptives and the Menstrual Cycle," Frances Thorne, Andrew Scholey, Mark Moss, and Bernhard Fink, Neuroendocrinology Letters 23

(2002): 291-97.

5. Sidney Jourard는 인간관계에서 취약성의 역할을 가장 먼저 과학적으로 연구한 심리학자이다. Jourard는 자기공개가 친근함 형성에 필수적인 요소라고 생각했다. 또한 환자에게 적절하게 자신을 드러낸 심리치료사들이 더 높은 치료 효과를 거두고 있다고 말했다.

6. 의사소통 단계에 대해 더 자세히 알고 싶다면 다음을 참조. John Powell, 〈Why Am I Afraid to Tell You Who I Am?〉(Niles,IL: Argus Communications,1969).

7. Arthur Aron,Edward Melinat,Elaine N. Aron,Robert Damn Vallone,Renee J. Bator는 공동으로 자기공개의 중요성에 대해 연구를 하였다. 그들의 연구 제목은 "The Experimental Generation of Interpersonal Closeness: A Procedure and Some Preliminary Findings."이다. 〈Personality and Social Psychology Bulletin〉 23 (1997): 363-77.

8. 자기공개가 로맨틱한 관계에 어떤 영향을 주는지 보다 자세하게 싶다면,다음의 자료들을 참조하자. Susan Singer Hendrick, "Self-Disclosure and Marital Satisfaction" Journal of Personality and Social Psychology 40 (1981) 1150-9; E. Sandra Byers and Stephanie Demmons, "Sexual Satisfaction and Sexual Self-Disclosure Within Dating Relationships," Journal of Sex Research 36 (1999) 180-89; Jennifer L. Gibbs,Nicole B. Ellison,and Rebecca D. Heino, "Self-Presentation in On-line Personals: The Role of Anticipated Future Interaction,Self-Disclosure,and Perceived Success in Internet Dating" in Communication Research 33 (2006) 152-77.

9. 하버드대학 문영미 교수는 컴퓨터의 자기공개가 학생들의 친밀감 반응에 어떤 영향을 미치는지에 대해 다음 논문에서 밝히고 있다. "Intimate

Exchanges: Using Computers to Elicit Self-Disclosure from Consumers," Journal of Consumer Research 26 (2000) 323-39.

10. 1992년 클린턴 캠프의 전략 수정과 언론의 반응에 대해 더 알고 싶다면 다음을 참조. Christine F. Ridout, "News Coverage and Talk Shows in the 1992 Presidential Campaign," Political Science and Politics 26 (1993) 712-16. 클린턴 캠프에서 관리를 맡았던 George Stephanopoulos의 이야기를 소개하고 있는 자료도 있다. "White House Confidential," Newsweek 129 (1997) 34. 보다 자세한 분석은 다음의 책을 참조하자. Joseph Hayden, 〈Covering Clinton: The President and the Press in the 1990s〉 (Westport, CT: Praeger, 2001)

4장 두번째 클릭촉진제-근접성

1. 오포스와 그들의 관계에 관한 이야기는 다음을 참조. 뉴욕타임스 2006년 3월 26일자 Lee Jenkins, "Florida Not Experiencing Any Sophomore Jinx,"; Sports Illustrated 2006년 4월 10일자 Grant Wahl "Go-Go Gators"; Associated Press 2006년 3월 20일자 "Young Team a Surprise to Florida Coach, Too,"

2. Mady Wechsler Segal은 다음 자료에서 경찰생도들의 친밀감 효과에 대해 살펴보고 있다. "Alphabet and Attraction: An Unobtrusive Measure of the Effect of Propinquity in a Field Setting," Journal of Personality and Social Psychology 30 (1974): 654-57.

3. MIT 기숙사 실험은 Leon Festinger, Stanley Schachter, Kurt W. Back에 의해 추진되었다. 〈Social Pressures in Informal Groups: A Study of Human factors in Housing〉 (Stanford, CA: Stanford University Press, 1950)

4. 지리적 위치에 따른 과학자들의 협력 패턴에 대해 자세히 알고 싶다면 다음을 참조. Robert Kraut, Carmen Egido, and Jolene Galegher, "Patterns of Contact and Communication in Scientific Research Collaboration," Intellectual Teamwork: Social and Technological Foundations of Cooperative Work (Hillsdale, NJ: Lawrence Erlbaum Associates, 1990), 149-71.

5. 회의 전에 나눈 대화를 분석한 자료는 다음과 같다. Julien C. Mirivel and Karen Tracy, "Premeeting Talk: An Organizationally Crucial Form of Talk," Research on Language and Social Interaction 38 (2005), 1-34. 원문의 구두점은 임의로 첨가한 것이다.

6. Pamela Hinds, Mark Mortensen은 직장 내 부서에서 나타나는 근접성의 효과에 대해 연구했다. "Understanding Conflict in Geographically Distributed Teams: The Moderating Effects of Shared Identity, Shared Context, and Spontaneous Communication," Organization Science 16(2005), 290-30

7. Richard L. Moreland, Scott R. Beach, "Exposure Effects in the Classroom: The Development of Affinity Among Students," the Journal of Experimental Social Psychology 28 (1992), 255-76. 여기서 두 사람은 몇 번 마주치는 것만으로 무의식적인 차원에서 매력을 느끼는 현상에 대해 설명하고 있다.

3장 세번째 클릭촉진제 - 공감대

1. 마리오 안드레티의 삶과 레이싱을 향한 그의 열정에 대해 더 알고 싶다면, 그의 자서전을 읽어보자. 〈What It's Like Out There〉 (Chicago: Henry

Regnery,1970).

2. 몰입의 상태에 대해 설명하고 있는 칙센트미하이의 책은 다음과 같다. 〈Flow: The Psychologyof Optional Experience〉(New York: Harper Collins,1990). 여기서 그는 몰입의 경험이 우리의 삶을 더 풍요롭고 행복하게 만든다고 말하고 있다. 몰입이라는 개념은 Abraham Maslow의 "피크 경험(peak experience)"과도 비슷한 측면이 있다. 매슬로의 피크 경험이란 일상적인 경험과는 달리,대단히 이국적이고 놀라움으로 가득한 느낌의 상태를 말한다. 인본주의 심리학의 개척자인 매슬로는 기존의 병리학적 접근방식으로부터 벗어나, 인간의 삶을 보다 긍정적으로 바라보려는 접근방식을 시도했다. 이러한 흐름을 그대로 이어받은 칙센트미하이는 행복의 요소들을 경험적 차원에서 접근하고자 하는 긍정심리학의 대가로 알려져 있다.

3. 환자를 간호하는 과정에서 존재감의 중요성에 대해 언급한 Jill Anderson의 논문은 다음과 같다. "The Impact of Using Nursing Presence in a Community Heart Failure Program," Journal of Cardiovascular Nursing 22(2007),89–94.

4. 존재감을 이루고 있는 요소들에 대한 분석은 다음 참조. Susan Tavernier, "An Evidence-Based Conceptual Analysis of Presence," Holistic Nursing Practice 20 (2006),152–56.

5. 의료 분야에서 존재감의 느낌을 통해 얻을 수 있는 효과에 대해 더 알고 싶다면 다음 자료를 참조하자. Una Dunniece,Eamonn Slevin,"Nurses' Experiences of Being Present with a Patient Receiving a Diagnosis of Cancer," Journal of Advanced Nursing 32(2000), 611–18.

6. 거울 뉴런에 대해 정리해 놓은 자료가 있다. Giacomo Rizzolatti and Laila Craighero,"The Mirror-Neuron System," Annual Review of Neuroscience,27 (2004), 169–92.

6장 네번째 클릭촉진제-유사성

1. 두 명의 Kelly Hildebrandt 이야기는 독일에서부터 나이지리아에 이르기까지 다양한 지역의 언론들을 통해 보도가 되었다. 이 커플은 2009년 7월 19일 NBC 투데이쇼에도 출연을 했다. 동영상 링크는 다음과 같다. http://today.msnbc.msn.com/id/31994977.

2. 유사성에 관한 Donn Byme의 획기적인 연구성과는 다음을 참조. "An Overview(and Underview) of Research and Theory Within the Attraction Paradigm," Journal of Social and Personal Relationship 14(1997),417-31.

3. 이름, 생일, 지문과 같은 요소들의 유사성에 대한 연구는 다음 자료 참고. Jerry M. Burger, Nicole Messian,Shebani Patel,Alicia del Prado,and Carmen Anderson,"What a Coincidence! The Effects of Incidental Similarity on Compliance," Personality and Social Psychology Bulletin 30 (2004): 35-43.

4. 비즈니스 관계에서 유사성의 효과에 관한 J. Brock Smith의 연구는 다음과 같다. "Buyer-Seller Relationships: Similarity,Relationship Management, and Quality," Psychology & Marketing 15 (1998),3-21.

5. 부부들 사이의 유사성 효과에 관한 장기적인 연구는 다음과 같다. "Shared Experiences and the Similarities of Personality: A Longitudinal Study of Married Couples," Journal of Personality and Social Psychology 62 (1992),281-91.

7장 다섯번째 클릭촉진제-소속감

1. 선진국 우울증 발병률의 증가에 관한 논문은 다음과 같다. Gerald Klerman

and Myrna Weissman, "Increasing Rates of Depression," Journal of the American Medical Association 261 (1989) 2229-35.

2. 온라인 사이트에서 자살 방법을 질문했던 한국의 초등학교 6학년생에 대한 이야기는 다음을 참조. "Stress Brought On by Economic Growth Blamed for South Koreas Suicide Surge," Burt Herman, USA Today 2007년 2월 10일자. 다음 사이트를 통해서도 확인이 가능하다. www.usatoday.com/news/health/2007-02-10-suicidesouthkorea_x.htm

3. 전통적인 분야와 현대적인 분야에서 근무를 하는 사람들은 간의 우울증 발병률 차이에 관한 논문은 다음과 같다. "Relation-ship Between Diagnostic Subtypes of Depression and Occupation in Japan," Koichiro Otsuka and Shigeaki Kato, Psychopathology 33 (2000) 324-28.

4. 함께 어려움을 나눔으로써 관계를 강화할 수 있다는 주장에 대한 대표적인 사례가 있다. www.blog.sethroberts.net/2009/09/20/how-to-talk-to-strangers/

5. John Karren은 Utah Elements Wilderness Program이 장점 기반적 접근방식을 통해 참여자들에게 권한을 부여하고, 그들이 주체적으로 삶을 이끌어 나가고 스스로 결단을 내릴 수 있도록 하고 있다고 설명한다.

6. 야외 캠핑의 심리치료적 효과에 대해 더 자세히 알고 싶다면 다음 참조. Sandra Jo Wilson and Mark W. Lipsey, "Wilderness Challenge Programs for Delinquent Youth: A Meta-analysis of Outcome Evaluations," Evaluation and Program Planning 23 (2000) 1-12.

7. 십대들을 위한 나바호 스웨트라지 프로그램에 대한 최근 연구는 다음과 같다. Stephen Colmant and Rod Merta, "Using the Sweat Lodge Ceremony as Group Therapy for Youth," Journal Specialists in Group Work 24 (1999) 55-73.

8. Glen Elder and Elizabeth Clip, "Wartime Losses and Social Bond-ing: Influences Across 40 Years in Men's Lives," Psychiatry: Journal for the Study of Interpersonal Processes 51(1988) 177-98.

9. NaamaSabar의 인류학적 조사는 다음과 같다. "Kibbutz LA: A Paradoxical Social Network," Journal of Contemporary Ethnography 31 (2002) 68-94.

10. 기업의 지원 부족에 따른 우울증 발병 및 항우울제 복용에 관한 연구는 다음과 같다. Marianna Virtanen,Teija Honkonen,Mika Kivimaki,Kirsi Ahola,Jussi Vahtera,Arpo Aromaa,and Jouko Lonnqvist, "Work Stress,Mental Health and Antidepressant Medication Findings from the Health 2000 Study," Journal of Affective Disorders 98 (2007): 189-97.

8장 클릭을 더 잘 일으키는 사람의 셀프모니터링 수준

1. 최초로 셀프모니터링에 대해 연구를 했던 Mark Snyder의 논문은 다음과 같다. "Self-Monitoring of Expressive Behavior," Journal of Personality and Social Psychology 30 (1974) 526-37.

2. 그들의 경력을 계속해서 추적했던 연구는 다음과 같다. Martin Kilduff and David Day "Do Chameleons Get Ahead? The Effects of Self-Monitoring on Managerial Careers," Academy of Management Journal 37 (1994): 1047-60.

3. 직장에서 높은 셀프 모니터링 점수가 인맥관계에 미치는 영향을 확인하기 위해 Ajay Mehra,Martin Kilduff,and Daniel Brass는 현장 연구를 실시했다. "The Social Networks of High and Low Self-Monitors: Implications for Workplace Performance," Administrative Science Quarterly 46

(2001): 121-46.

4. 셀프 모니터링 점수가 높은 사람들의 무의식적인 동기들에 대한 창조적인 연구는 다음과 같다. Clara Michelle Cheng and Tanya Chartrand, "Self-Monitoring Without Awareness: Using Mimiciy as a Nonconscious Affiliation Strategy," Journal of Personality and Social Psychology 85 (2003) 1170-9.